美中貿易戰
其實才剛開打

一場沒有贏家的霸權競爭，改變全球經貿版圖、台灣產業布局的經濟大戰

高長 著

目錄

第 *1* 章　導論

第 *2* 章　美中經貿關係的衝突與對話

第 *3* 章　美中貿易戰打打停停，高潮迭起

第 *4* 章　從貿易戰的本質是科技霸權之爭

第 *5* 章　貿易戰火延燒美中兩國沒有贏家

第 6 章　全球貿易、投資、經濟成長都受影響

第 7 章　台灣受到的衝擊與因應

第 **8** 章　美中貿易爭端之未來發展

表目次

圖目次

｜ 推薦序 1 ｜

全球兩大經濟體的國際戰略究竟誰獲益？

國立東華大學公共行政學系歐盟莫內講座教授兼副校長
前行政院研考會主任委員／朱景鵬

2019.10.28

2016 年 11 月 8 日川普擊敗希拉蕊贏得美國總統大選，跌破了國際社會所有觀察家的預測，他的民粹語言，保護主義色彩，以及狹猛民族主義的論調，似乎也風起雲湧，與其唱和的國家治理氛圍，也未曾停歇。相較於川普「製造業回美國」、「美國優先」的主張，中國國家主席習近平卻多次在國際場合不斷重申全球化的不可逆轉，以及持續開放型經濟發展的重要性。中美兩國領袖的經濟發展戰略重點，似乎也混淆了國際社會傳統的認知。

1970 年代中美關係正常化，1978 年中共十一屆三中全會改革開放的國家發展戰略主軸，1990 年代後冷戰時期柯林頓強力主推的軟性區域主義（soft regionalism），強調全球市場的開放以及區域經濟互賴主義，全球興起一股自由貿易浪潮，區域統合的溢出（spill-over）已蔚為世界經濟主流，2001 年中國加入 WTO 正式成為國際多邊貿易主義的行為者

（multilateral actor），在 1990 年至 2000 年間，亞歐高峰會議（ASEM）、亞太經合會（APEC）、歐美間的跨大西洋自由貿易協定（TAFTA）、東亞地區的東協加 3（ASEAN plus 3）等林林總總的國際與區域建制（region），在在都突顯出了中國角色的日趨重要性。

不過，與此同時，1993 年美國哈佛大學教授杭亭頓發表了〈文明的衝突〉乙文，1996 年更延伸成《文明的衝突與世界秩序的重建》乙書，其中已隱喻出「中國威脅論」存在的可能性，中國被標誌為一個非民主且為具威權性格的政體，其崛起對於區域乃至於全球和平秩序均構成潛在的威脅。

儘管中國不斷強調其外交政策和平共處五項原則，其外交策略更因應不同區域而建構不同類型的交往戰略，隨著其經濟實力之擴張，5G 科技創新之領先，南中國海之經略，乃至於 2014 年「一帶一路」倡議，2015 年亞投行的正式生效等，讓美國開始憂慮中國之經濟崛起是否具有高度軍事戰略擴張之意圖。2013 年 6 月習近平在與歐巴馬總統的會談中提出新型大國關係的構想，美國對此並未予以明確回應。顯然，中美都意識到彼此在國際合作、競爭與衝突的既定框架中，已然出現微妙的變化。此一微妙的變化在川普上任後所引爆的中美貿易戰爭中表露無遺。

有別於歐巴馬的「重返亞洲」外交策略，川普主張「印太戰略」，川普將中國視作其戰略競爭對手。根據美國副總統彭斯（M. Pence）2018 年 10 月 24 日在華府智庫威爾遜

中心（Wilson Center）的演說，除了再次確認美中的新冷戰型態的關係之外，更直率地表述美國無法相信運用經濟的方式就能促使中國改變其威權體制，遵守國際規則，成為一個擁抱自由民主與開放的民主社會，對此美國也不再抱任何期望。尤其是美國認知中國的經濟全球戰略背後隱藏的是對全球的技術監控。2018 年初以來，川普發動的中美貿易戰爭迄今已將近兩年，其中反反覆覆，時而推崇習近平，時而強力抨擊中國，全球經濟包含兩岸，同時陷入進退兩難，戰爭已經啟動，但是沒有人可以預料戰爭何時結束。

　　高長教授是我國長期研究兩岸經濟與大陸經濟的先驅者，不僅有豐富的研究成果，更有國安會副祕書長，以及大陸委員會副主任委員、台商張老師的實務歷練。從川普對中國發動貿易戰以來，即系統性、專業性、延續性地針對此一議題提出針砭與觀察。這本《美中貿易戰其實才剛開打》鉅著，當是現階段掌握此一議題最及時、最新穎且也最能宏觀與微觀地反映現象，同時客觀提出未來發展趨勢專著。

　　本書全文結構計有八章，起於地緣政治、科技霸權之爭，終於未來發展短期難解與中美關係將難以恢復到 2016 年之前態勢。仔細關讀本書內容，高教授直指貿易戰的本質是科技霸權之爭，戰火漫燒，美中沒有贏家，全球與兩岸共蒙衝擊，甚至更大膽預測「貿易戰其實才剛開打」。本書的每個章節都值得讀者細細品味，觀察後續如何發展，當是關心全球兩大經濟體的國際戰略究竟誰獲益？誰失利？的最佳

參考文本。

　　作為能在第一時間先行品味本書，蒙高教授邀請撰寫推薦序文，深感榮幸並且獲益良多。本書適合於關心全球與兩岸事務的學術與實務界各階層的讀者，行文深入淺出，觀察入微，對於台灣的建議尤具建設性，爰以推薦，以饗各界。

中美之間一場漫長的貿易戰、科技戰以及激烈的戰略攻防

海峽兩岸經貿文化交流協會會長
東吳大學商學管理講座教授／高孔廉

2019.10.25

　　高長兄是我多年好友,他在勞工經濟、經濟發展、國際經濟、兩岸經貿等議題常有專著發表,拜讀之下,分析深入,令我敬佩不已。

　　在學術界,他曾任中華經濟研究院大陸經濟研究所長、東華大學教授;在政府方面,曾因他在經濟及兩岸的卓越表現,前後擔任國家安全會議副祕書長及大陸委員會副主任委員;在產業界,他是中華民國企業經理協進會理事及台北企業經理協進會理事長,尤其是後者,他負責主編「台商張老師月刊」,是關心兩岸經貿及台商經營者一個重要的參考資料。可以說是橫跨產、官、學的專家。

　　中美兩國自 2018 年初為貿易問題,展開貿易攻防戰,一年多來打打停停,忽而露出曙光,忽而又惡言相向,對實體經濟構成嚴重衝擊,自不用說;對於金融面的資本市場,

更是有瘋狂的影響，忽而狂瀉，忽而大漲，美國方面已有人開始懷疑有人大搞內線交易，甚至估計已賺了數百億美元。

其實自二次世界大戰以後，國際經濟秩序的建立，根本就是美國主導的，例如：1948 年成立的關稅及貿易總協定 GATT（1995 年已更名為世界貿易組織，WTO）、國際貨幣基金（IMF）、世界銀行（WB），以及用美元為國際支付清算貨幣等，美國已成為世界政治、經濟、軍事的霸權。而綜合政經實力，美國只要看到他國崛起，就設法打壓，包括蘇聯、德國、日本等，以維持他的世界霸權地位，對於台灣，也在 1980 年代末期，以貿易逆差為由，用 301 條款，逼迫新台幣大幅升值。如今看到中國崛起，來勢洶洶，不僅經濟方面成為世界工廠及世界市場；科技方面，急起直追，所謂「中國製造 2025」，在 AI、大數據、雲端計算、5G 通訊、精密機械等均已見初步成效；軍事方面，更是一日千里；威脅到美國霸權地位，美國乃突然驚醒，想盡辦法壓制。

中美爭執的起點表面上是美方逆差過大，2017 年達 3,750 億美元，2018 年更擴大為 4,300 億美元。但美國的逆差，其實相當部分是咎由自取，首先，美國的公私部門都過度消費，高度舉債槓桿，好逸惡勞的人超過勤奮工作的人，人民享受價廉物美的進口商品；網路上有個笑話，一個反中的美國參議員，因為帶朋友回家，先打電話回去要家人把中國製品全都收起來，結果回家一看，只剩他的太太，幾乎全

裸站在空無一物的客廳。換言之，沒有中國製品，根本無法生活。

其次，自 2008 年金融海嘯後，美國發明了一套買空賣空的金融操作，所謂的量化寬鬆（Quantitative Ease, Q.E.），實際上等於「印美鈔」，美國用憑空印出來的美鈔來支付逆差，美方損失有限，而取得美鈔的中國又用來購買美國公債，錢又回到美國。此外，美國又常用國內法、行政部門或國會報告，恐嚇他國企業。最近一本書《美國陷阱》，就描述一家法國巨型企業「阿爾斯通」被肢解的經過，該書也統計了一下，美國用此方法，裁罰了不少企業數百億美元之多。

至於美國指責中方的，也不是完全沒有根據，例如：大陸對市場開放的限制，特別是服務業，迫使中國在今年博鰲論壇宣布大幅開放金融市場。其次，美方指責陸企強迫技術移轉，以及竊用智慧財產權，這些問題也是台商的切身之痛，因為技術被偷竊或移轉而企業拱手讓人案例，屢見不鮮，如今已看到大陸官方正視此現象，於 2019 年 10 月公布「優化營商環境條例」，宣布自明年起「絕不允許強制技術轉讓」。第三，美國也指責中國對企業過度補貼，造成不公平競爭，中方以此干涉其內政，而不同意處理。其實「補貼」在各國所在多有，美國農業部（USDA）的經費應該不少，記得我在美國留學時，發覺農學院的經費及獎學金都比文科要多，台灣對農業的補貼也不遑多讓；問題是補貼多

少，才算扭曲市場，恐怕有賴各國再深入探討。

　　川普 2017 年 1 月就任總統後，立即宣布退出 TPP 的協商，換言之，他是要放棄多邊主義，改採單邊主義，他認為美國實力夠強，可以對各國各個擊破，爭取更優惠的雙邊協議，這一點在部分地區他成功了，例如美韓自由貿易區重新修正，拿到他要的東西；北美自由貿易區（NAFTA）也修改為（USMCA），甚至於還在其中加入「毒丸條款」，也就是作者在第四章所說旨在孤立中國大陸。

　　作者對於中美貿易摩擦的經過，觀察極為深入，第二章提到 301 調查對中方的制裁，也就是我前面提到的，依據其國內法，而非國際規則。作者也觀察到貿易戰的背後，其實是「科技戰」，列出所謂出口管制的實體清單，但中國已有相當實力，不會就此屈服，他們也提出反制清單。除了以上貿易戰、科技戰之外，其實美國更在乎的是在亞太地區的地緣政治優勢，目的是希望把中國大陸圍堵在第一島鏈之內。

　　最近中美號稱貿易戰達成初步協議，其中最為廣泛報導的是由原先自美國進口的農產品每年的 80 億美元，將擴大為 400 至 500 億美元，但沒設定期限。農業州是川普的基本票盤，也是 2016 年他勝選的基礎，2020 年又要選舉，他為了爭取農民票，勉強同意了這項初步協議，中方也有算盤，為了餵飽 14 億人口，他們本來就要進口許多農產品，特別是「非洲豬瘟」導致大陸豬價上漲了七成，藉此進口，也可緩和其民生物價上漲的幅度。

　　中美貿易戰對中美兩國的經濟當然有影響，作者分析了它對於進出口、物價的影響，提出美國提高進口關稅的結果是轉嫁到消費者，難怪美國加稅清單，先是排除消費品，後來是擴大加稅清單，難免觸及消費品，最近適逢耶誕購贈禮品季節，他把相關禮品的加稅時程，押在 12 月中旬之後，就是怕民眾對物價上漲的反彈。

　　中國大陸方面也因出口的下降，導致就業及生產的下降，最近一季 GDP 的成長率已降到 6%，而由於出口美國被課關稅已經有外企及台商轉移陣地，台商也有行動，轉赴東南亞的為多，也有些回台，但回台後若仍出口美國，將來會碰到另一個問題，如果對美順差超過 200 億美元，會被美國視為滙率操縱國，去年我們的順差已達 170 億美元。台灣是小型開放經濟體，在目前自由貿易與保護主義拉鋸之中，我們應該強化的是附加價值及「質」的提升，避免在「量」的擴張，導致貿易摩擦。

　　美中的貿易戰絕非短期可以善了，中國有強烈的面子問題、民族意識及「中國夢」的目標，美國則是民主黨與共和黨都被激起反中情緒，尤其美國明年總統大選，更沒有候選人敢不反中。美國的民主制度，有選票的壓力，有選舉結果的不確定性，而中國的政治穩定性遠高於美國，相對來說，中國比較有本錢打持久戰。

　　中美之間的這場貿易戰，已延伸到科技戰，更是戰略競爭的關係，我們認為這應該是漫長的對抗，正如作者所說，

美國的戰略企圖是要遏制大陸發展，中美兩國對撞的結果也如作者所說，中美關係已不可能回到從前。

　　總之，高長兄此本鉅著，蒐集了這麼多詳實的資料，對於中美貿易戰的分析相當深入，值得產、官、學界深入研讀。

｜ 推薦序 3 ｜

中美為何而爭？爭什麼？

中國文化大學社科院院長、前大陸委員會副主任委員／趙建民

108.11.3

　　2018 年中開始的中美貿易戰，雙方卯足全力打得硝煙四射，全球觀眾瞠目結舌。這場世紀霸權之爭，始於美國對中國大陸高科技發展的戒慎恐懼，鷸蚌相爭結果伊於壺底不得而知，但影響必然是全球性、跨世代，甚至有可能改變我們現在所熟悉的生活方式和價值體系。在這個節骨眼上，好友高長教授出版新書，從各個面向檢視中美貿易戰的種種，時機再恰當不過。

　　霸權爭奪影響的，不只是兩強在全球秩序中的領導地位，以及連帶發生的權力重組和合縱連橫，還牽涉更高層次的價值問題和發展模式。這次東西強權對撞是否出現典範轉移？是否在和平之中進行角色互換？還是以戰爭的方式一決勝負？對國際體系中的其他國家，尤其是中小型國家如台灣者，意義何在？何去何從？

　　和前次英美之間的霸權相爭不同，中美兩國不但經濟高度連結，彼此也是當前國際經貿體系的主要規則制定者，兩

強相爭不僅是權力重組的問題，也是全球發展的問題，實際上也就是中國模式和美國模式的競賽。具體而言，這次的權力競爭有四個特殊意涵：

首先，是未來霸權展現的形式可能不同於過去。

上次美英霸位交接，乃是因為英國受到一次大戰衝擊，元氣大傷無力應對金融、國際安全等國際責任，另一方面，歷經兩次世界大戰，美國的國力已是舉世無匹，霸位交接水到渠成。然而，目前美國的國力並未明顯衰退，以號稱第三次工業革命的資訊革命而言，已經成為我們日常生活必需品的網路世界，各種主要軟體都源自美國，不論在工業研發、軍事科技或軟實力，今日美國的國力都仍然是首屈一指，管理天下事務游刃有餘。不同的是，中國大陸強勢崛起，經濟產值硬是逐漸強壓美國，在可預見的未來，中國霸權取代美國霸權主宰全球事務的可能性不大，中美雙核心的世界體系勢必持續一段時日。

其次，是發展模式的不同。

英、美承襲了西方工業革命以來經濟市場化和政治民主化的發展模式，兩者相爭只是權力的傳承。但這次中美之爭，卻是兩個截然不同的發展模式的競爭，一方是全球最發達的市場經濟和最具口碑的民主治理經驗，強調個人價值和私有財產，在經濟發展的過程中，政府扮演好監督者的角色，弄好公共財以利市場機制接手，提供企業施展的空間。

但另一方面，習近平講的中國模式和中國特色的社會

主義制度，卻是建立在龐大的公有制基礎之上，目前大陸擠身全球五百強的企業，多是國有企業，而一黨專政下傾舉國之力發展經濟，靠的是政府角色，創造了令人驚豔的經濟奇蹟。面對民主治理中政黨的短視以及選舉造成的社會分裂，中國模式強大的國家力量是否更有競爭力？抑或一黨專政的陰暗，終將迫使中共做出另一次重大的轉向？這種不確定性，無疑是這一波霸權爭奪中最令人期待的結果。

第三，過去美英相爭是同一價值體系下的權力異位，即使今天仍有許多國家競相師法英美所締建的民主體制，但這次中美相爭，則是意識形態之爭，也是價值之爭。當下民主治理出現障礙，從英國到美國、從台灣到巴西，民主社會內部高度分歧，貧富差距拉大，中產階級地位下降，社會普遍不安，動亂四起，此一民主的崩壞是否表示民主治理已走到盡頭？而中國式黨國體制步調的齊整，能否提供一個可行的替代方案？

這個問題不易回答，但從最近香港民眾大規模走上街頭，不顧民主治理的短處，也不管對經濟發展可能造成的衝擊，這種「雖千萬人吾往矣」的精神，可以說對民主治理提供了最生動的註腳，亦即民主制度縱有其不盡完美之處，但或許仍然是人類政治經驗中，較可取的制度設計。當然，最近出現的若干病灶，對民主制度的設計者和管理者而言，或許也提供了再造的契機。

台灣夾在中美兩強之間，加上複雜的歷史因素，使得台

灣成為這次霸權爭奪中，最敏感的核心地帶，兩強相爭的結果，對台灣的影響也格外大。不幸的是，台灣似乎對新的局面認識不足，兩岸關係僵持不下，自然難以在兩強之間找到有利的戰略定位，不論霸權相爭的結果如何，台灣都必須盡早適應新的遊戲規則，以免提前出局！

高教授為國內研究中國大陸和兩岸經濟的知名學者，在即將退休之餘仍勉力寫作，足為後輩效尤，特為序祝賀。

｜ 推薦序 4 ｜

一場沒有贏家的霸權戰爭，改變全球經貿版圖，帶來競爭新常態

全國工業總會祕書長／蔡練生

108.10.25

　　一場沒有贏家的霸權戰爭，改變全球經貿版圖，帶來競爭新常態，如同本書的書名；《美中貿易戰其實才剛開打》，這場影響全球的貿易戰，對於全球的貿易、投資，乃至於經濟成長究竟會造成多大影響，又會為台灣帶來什麼樣的機會與挑戰，對數十萬台商又會造成何種衝擊與挑戰，這些問題都是產業界高度關切的議題。

　　眾所周知，美國與中國大陸作為全球第一和第二的經濟體與貿易國，美中兩國的經濟興衰直接影響全球經濟與景氣榮枯，從美國對中國大陸啟動貿易戰迄今，已對全球經濟造成巨大傷害，至今猶未止歇，美中貿易戰不只擴大涵蓋全部商品，更蔓延至科技戰、經濟戰，甚至挑起了兩國民族主義的敏感神經。

　　高長教授在書中提到，美國對中國大陸制裁的商品聚焦在「中國製造 2025」相關行業，背後蘊含的是在處理技術轉

讓與知識產權保護問題，因此，「301 調查」看似針對中國大陸高新科技產業的摩擦，由於所涉產業的重要性和美中雙方的產業政策扶持、貿易摩擦背後其實是兩國經濟發展方式和國家治理模式的摩擦，更是美中核心競爭力之爭，真的是一針見血。

不過仍提醒各界，不能忽視美國 301 調查的威力，因為本人早年在貿易局服務的時候，主要負責台美貿易談判，與美國交手十數年，深諳美國運用 301 條款的威力。依照日經新聞的報導，美中互徵的平均關稅稅率已超過 20%，匹敵二戰前的美國高關稅貿易保護主義時代，如果美中貿易戰持續擴大，對台灣而言，絕對不是一個好事情。當大家都期待美中貿易戰早日結束時，高長教授卻以《美中貿易戰其實才剛開打》出書，正是他獨到之處。

中國大陸是台灣最大貿易夥伴，也是台商在海外投資最聚集的地區，兩岸產業擁有特殊的供應鏈關係，兩岸經濟早已形成複雜且緊密的產業網絡；台商將中國大陸作為生產基地，加工製造所需要的原物料或零組件大多從台灣採購，在中國大陸完成組裝或終端製造後再銷往美國。因此當美國與中國大陸兩隻大象打架，台灣要如何因應、如何趨吉避凶，是各界有識之士都必須思考的嚴肅課題。

高長教授早年擔任中華經濟研究院大陸所所長，後為馬政府延攬為國安會副祕書長及陸委會副主委等要職，長年關注國際經貿事務，對於兩岸經濟與產業發展的掌握更是深

入。本人很高興看到本書從中國崛起所帶來的經貿成長，以及中國大陸精準科技所帶來的美中關係新危機，做了精闢分析；並詳細記錄美中貿易戰一路的變化，將美國與中國大陸在這次貿易戰中，分別提出的貿易制裁具體內容，做了完整的拆解；從具體的數字中分析美中貿易戰對全球、對美國、對中國大陸、對東協，以及對台灣的機會與挑戰。相信這本書的出版，對於有心研究美中貿易戰的讀者來說，是一本很好的導讀。

｜推薦序 5 ｜

美中貿易戰是挑戰也是機會

台北論壇基金會董事長、前國家安全會議祕書長／蘇起

2019.11.1

　　高長兄出生在農家，有著農民的質樸天性，這個天性反應到治學和工作上，造就他實事求是的性格。高長兄在中華經濟研究院擔任大陸所所長時就與我時相往來。後來我們在國安會共事時，他對於大陸經貿的研究和觀察常令人欽服。也因此他又被延攬到陸委會擔任副主委，委以兩岸經貿規劃與談判的重任。近年來他潛心研究中國大陸的經濟發展。《美中貿易戰其實才剛開打》的問世，就是他嚴謹治學的最新代表作。

　　美中貿易戰方興未艾，GDP 排名世界前二名的經濟體爆發貿易衝突，全世界誰都無法置身事外，台灣當然也遭到波及。兩大強權之爭，各自都運用高關稅，甚至非關稅手段相互制裁。尤其美國更是無所不用其極，針對科技行業，採取投資、出口的限制，以達到拖累大陸科技產業快速崛起的目的。在全球布局版圖中，台商將大陸定位為生產基地，加工製造所需的原材料、半成品和零組件，很大部分從台灣採

購，終端產品主要銷往第三國，特別是美國市場。因此，美國對大陸進行貿易制裁，台灣絕對無法倖免。

身處美中博弈暴風圈內的台商，更是首當其衝。本書系統性的將台灣經濟與台商在美中貿易戰當中可能遭遇的風險予以分析，繼之提供了應對的建議，確是一本指引人們如何趨吉避凶的最佳工具書。

更難能可貴的是這本書突破了人們慣性以負面角度看待事物的思維。當世人普遍為了美中貿易戰感到焦慮時，高長兄卻在這個危機當中發掘出貿易戰為我們帶來的機會。他在書中指出，對於台灣高科技產業，尤其是半導體產業來說，美中貿易戰或將帶來機會；主要是因為台灣以晶圓代工為主的半導體產業，在全球占有重要地位，掌握人才與技術的優勢，目前中國大陸積極發展半導體產業，亟需台灣企業的合作，這就給台灣企業帶來新商機。

「是挑戰也是機會」！高長兄在本書中傳達給讀者這個重要的思考。在面對中國大陸的崛起、在應對世界最大的兩個經濟體貿易衝突的當下，我們都不該只看危機而忽略了機會。高長兄《美中貿易戰其實才剛開打》這本書名取得好。美中博弈且戰且走，未來還有冗長的談判過程，我們做任何布局都還來得及。但如果只擔心危機帶來的衝擊卻忽略了有利於我們的機會，等到美中談判有了結果，我們可能會發現自己已經身處邊陲，後悔莫及了。

｜作者序｜

不只是貿易之戰，更是地緣政治、科技主導權的霸權競爭

高長

108.10.26

　　最近一年多來，最受國際社會關注的重大議題，美中貿易摩擦無疑是其中之一，相關新聞幾乎天天占據了國內外主要媒體的版面，未來的發展動向，備受國際矚目。

　　美中貿易摩擦，導火線源於雙邊貿易失衡擴大。由於雙邊貿易失衡的問題相對單純，且依過往的經驗，解決該問題的難度也不大，因此，一開始各界都認為這一回合的紛爭應該不會持續太久。然而，整個事件的發展卻出乎大家意料之外。這一場堪稱為空前的貿易戰爭，愈演愈烈，呈現在眼前的其實不只是貿易之戰，更是地緣政治、科技主導權的霸權競爭。

　　對台灣而言，由於中國大陸是台灣第一大貿易夥伴，更是台商在海外投資最聚集的地區，且在全球布局版圖中，中國大陸被台商定位為生產基地，加工製造所需的原物料，一大部分從台灣採購，終端產品主要銷往第三國，特別是美國

市場。因此，美中兩大國的貿易博弈，台商首當其衝，台灣也可能遭池魚之殃。

筆者長期從事中國大陸經濟、兩岸經貿關係相關問題之研究，非常關心美中貿易爭端的發展，以及該事件對台灣可能造成的衝擊程度與如何因應，因此，對於川普指控中國大陸不公平競爭，並依據「301調查」報告展開貿易制裁行動等事件的發展，一直保持高度關注。

美中兩強爆發貿易大戰已造成兩敗俱傷。台灣經濟量體小，夾在兩強之間，前景難料。有人看到了機會，譬如轉單效應和台商回流，或將帶給台灣經濟正能量；對某些原本與中資企業在美國市場相互競爭的台灣廠商而言，也可能拜美國買家轉單之賜而獲益。

不過，有些人看到的是挑戰，因為美中貿易戰火蔓延，附加關稅將增加台商的費用負擔，從而削弱國際競爭力，同時大陸經濟成長持續下滑，前景看衰，經商環境惡化。對台灣而言，則可能受到台商「台灣接單、中國生產、外銷美國」經營模式之累，因大陸對美出口衰退而受到間接衝擊。

美中貿易戰對台灣經濟造成的衝擊為何，眾說紛紜，有待實證。過去這段時間，筆者曾多次受邀參加有關美中貿易戰議題的座談會、研討會等，同時也受邀撰稿在報章雜誌上發表，分享個人的研究心得和看法。承蒙摯友時報文化出版趙政岷董事長的關愛，盛情邀約我將相關研究的心得撰寫成專書，嗣經考慮後決定應允一試。

美中貿易戰火還在持續中，因此本書呈現的內容只是階段性的研究結果，筆者不揣淺陋，衷心期待關心此議題的同好先進不吝指正。

這本專書得以付梓，首先當然是要感謝趙政岷董事長的熱情邀約與鼓勵，以及出版社團隊在最短的時間內完成編輯。

其次，也要感謝我的老長官前國安會祕書長、台北論壇基金會蘇起董事長，以及職場上的良師益友前海基會副董事長、海峽兩岸經貿文化交流協會高孔廉會長，前行政院研考會主任委員、國立東華大學朱景鵬副校長，前大陸委員會副主任委員、中國文化大學人文社科院趙建民院長，中華民國全國工業總會蔡練生祕書長等先進，百忙之中撥冗為這本專書寫推薦文，不吝勉勵與加持。

最後要感謝的是我內人秀如，以及前世情人維謙、維濃，他們的全力支持，讓我無後顧之憂，得以專注於所熱愛的學術研究工作，尤其秀如無怨無悔的付出，成就了我，更令我感動。

第 **1** 章

導 論

最近一年多來，有關美中貿易摩擦的新聞，幾乎天天占據了國內外主要媒體的版面；美中兩國相互較勁，不只演變成貿易戰爭，甚至已經陷入科技冷戰。這一場堪稱為空前的貿易大戰，主角為全球最大的兩個經濟體，戰火愈演愈烈，迄目前為止還在持續延燒中，且造成的衝擊層面，已從美中兩國擴散到其他國家，同時，衝擊的程度也不斷在加劇。未來的發展動向，備受國際矚目。

美中兩國貿易摩擦，導火線源於雙邊貿易失衡擴大。由於雙邊貿易失衡的問題相對單純，解決問題的難度也不大，何況依過去經驗，美中兩國的貿易紛爭經常發生，都可以透過談判很快地取得共識，因此，一開始各界都認為這一次的紛爭應該不會持續太久。然而，整個事件的發展卻出乎大家意料之外，顯然掀起這一場貿易大戰的川普政府另有居心。

美中貿易摩擦不斷升級，對兩國經濟造成的負面影響已愈來愈明顯。美國主動挑起貿易戰端，不是不了解「殺敵一千、自損八百」的道理，仍然執意這麼做，且還不斷加碼，主要是因中方綜合國力快速提升，[1] 尤其近幾年來習近平政權愈來愈有自信，無論是外交或是內政上的所作所為，展現強烈的企圖心，已讓美國感受到霸權地位遭到威脅。

近幾年來，習近平領導下的中國大陸，開始在南中國海填海造陸，廣建軍事設施，強化領土和海上主權的主張；又積極倡議「一帶一路」計畫，籌組亞洲基礎設施投資銀行（Asian Infrastructure Investment Bank，縮寫 AIIB）；推動

「大國外交」，積極參與國際政經規則制定，提出重構「人類命運共同體」。對內則高舉民族主義大旗，編織「中國夢」；立誓實現「中華民族偉大復興」，以徹底洗刷中國自 1839 年起遭受外國侵略，淪為半殖民地國家的「百年恥辱」。同時，修改憲法，取消國家主席任期限制，以遂行終身統治。

美中貿易戰是地緣政治地位之爭

習近平政府在外交、內政上的所作所為，有別於西方的治理模式，自認為是一套具中國特色、成功的發展模式，並且試圖透過各種途徑，譬如積極倡議「一帶一路」，推廣至全世界各個角落；這些動作看在川普眼裡，無異是在挑戰美國的意識形態和地緣政治地位。

川普認為，長期以來美國試圖透過協助中國大陸經濟發展，以促其改革政治體制，走向民主、自由，所謂「和平演變」的計畫已經破功。中國大陸曾經以美國為師推進市場化改革，利用開放政策，引進國際資金、技術、人才和現代化

NOTES

1　以 GDP 指標來看，1980 年代，美國的 GDP 平均約相當於中國大陸的 13.2 倍；進入 21 世紀，中美兩國 GDP 的規模差距大幅縮小，2018 年資料顯示，美國 GDP 只超過中國大陸 60% 左右。

企業經營知識，開拓國際市場，實現經濟快速成長，已成功由經濟窮國躍升為經濟大國。然而，以西方的標準來看，中國大陸並未徹底改革其經濟制度，成為市場經濟國家。

尤其在加入 WTO 之後，中國大陸不但沒有落實之前的承諾深化制度改革，反而在「市場經濟」外衣下，不斷強化政府在資源分配中的角色，「國家資本主義」更加興盛。也就是說，中國大陸的改革只是表層的，並未遵守 WTO 定下的遊戲規則，貫徹建立市場經濟制度。

其次，在習近平領導下，中國大陸的政治演變，不再像過去一樣，願意屈從在美國所設計和主導的世界秩序中。川普奉行貿易保護主義和民族主義，遇到了強硬、信奉民族主義的習近平，兩國文化、價值觀迥異，爆發貿易衝突並不意外。

除了地緣政治之爭，大陸高新科技產業快速發展，更觸動了美國「國家安全」的敏感神經，是讓川普一再祭出「301 調查」殺手鐧的重要原因。

在過去 20 年間，中國大陸的科研投入和產出大幅提升，使得中美之間的技術差距顯著縮小；[2] 技術進步提升了中資企業在國際市場上的競爭力，尤其新一代通信 5G、人工智慧（AI）和自動駕駛等高新技術與高端製造業，其成就已對美國逐漸構成實質性競爭威脅，並在相關高新科技領域衝擊美國的領導地位。

譬如，在全球通信網絡設備市場上，華為已經超越瑞典愛立信（Ericsson）和芬蘭諾基亞（Nokia），成為世界最

大的設備製造商，同時在 5G 移動通訊系統的設計上，與韓
國三星（Samsung）、美國高通（Qualcomm）分庭抗禮。
2006 年成立的創業公司大疆，目前已發展成為全球民用無人
機市場的領先者，在北美地區占據一半以上市場份額。[3]

美中貿易戰是科技霸權之爭

中國大陸經濟快速發展，尤其是技術進步速度，幾乎
超過了美國的想像；而相對地，美國的比較優勢卻逐漸被削
弱，從而導致貿易條件惡化，甚至使得美國經濟成長減緩，
消長之間，美國的超強地位面臨嚴峻挑戰。

有鑑於此，美國對中國大陸發動的貿易戰，無論是增加
進口管制或出口管制，都聚焦在高端製造業領域；同時，對
中方激增的對外投資，尤其是對國有企業主導的高科技領域

NOTES

2　2000-2015 年間，R&D 占 GDP 的比重，中國大陸由 0.89% 增加至
 2.07%；美國則由 2.61% 微升至 2.74%。中國大陸授權專利數量由 2000
 年的 6,446 件，增加到 2016 年的 322,484 件，超越美國成為世界第一。
 參閱趙洪岩、盛柳剛，「『瞄準未來』的中美貿易戰」（2018 年 4 月
 3 日），2018 年 4 月 4 日，《**FT 中文網**》，http://www.ftchinese.com/
 story/001076990。

3　趙洪岩、盛柳剛，「『瞄準未來』的中美貿易戰」，2018 年 4 月 3 日，
 《**FT 中文網**》。

之併購投資感到憂心，因而開始加強投資審查，以限制中資企業在美國投資敏感的高科技領域。此外，美國也傳出減少中國大陸學生赴美進修的簽證、管制在美工作的華裔科學家與中國大陸交流。可見美中兩國之貿易摩擦，不是貿易逆差的問題，而是產業競爭、科技主導權爭奪的問題。

川普執政後採取的一系列政策措施，目的在於遏制中國大陸技術崛起，充分表露了美國部分政治經濟菁英對中美技術差距縮小的擔憂。值得一提的是，川普政府的這些政策措施，都被刻意隱藏在「美國優先」的策略架構下，對美國增加就業、改善貿易逆差的效果，其實並不特別明顯，反倒是對中國大陸的高科技發展有直接的抑制作用。

美中貿易爭端，與兩國雙邊經貿關係政治基礎發生變化，美國的國家戰略出現重大調整有關。中國大陸的種種不公平、不正當行為，長期以來一直都存在，不過在以前美中兩國實力差距很大的年代，美國大都睜一隻眼閉一隻眼，不是很在意。但隨著中國大陸經濟快速崛起，經濟量體和科技水準逐漸趨近美國，在國際政經舞台不斷增加的影響力；兩國的地緣政治和戰略競爭逐漸白熱化，美國的國家利益備受威脅，對於中方的不公平、不正當競爭行為，當然無法再視而不見。

美國前國務卿季辛吉（Henry A. Kissinger）博士一語道破，中美摩擦的背後，其實是崛起大國與守成大國的傳統衝突。[4] 2018 年《美國國防戰略報告》已將中國大陸定位為美

國的戰略競爭對手，顯示美國對中國大陸將強勢展開全方位的遏制。有些專家從地緣政治角度和以往大國崛起的經驗分析，大膽預言若中美兩國貿易爭端政治化，未來兩國之間有可能陷入全面對抗和衝突，甚至陷入冷戰。

美中之間修昔底德式競爭不會停止

美國哈佛大學政府學院教授艾利森（Graham Allison）曾根據古希臘歷史學家修昔底德陷阱（Thucydides）記載的一段關於 2,500 年前古希臘世界發生過的一場決定歷史的戰爭，[5] 提出修昔底德陷阱（Thucydides's Trap）論，認為隨著中國大陸實力迅速提升，美國長久以來擁有的優勢受到了挑戰；一個正在崛起的中國將威脅取代守成的美國，自然會出

NOTES

4　沈建光，「中美關係的新博弈：擴大開放迎逆流」（2019 年 3 月 28 日），2019 年 9 月 20 日，《**OR 商業新媒體**》，http://www.or123.top/?p=44855。

5　修昔底德記載的戰爭故事，交戰的雙方是當時希臘世界中最強大的兩個城邦，即雅典和斯巴達。當時斯巴達是既成霸主，而雅典是一個迅速崛起的新興勢力，雙方領導人其實都不希望發生戰爭，但都沒能阻止；造成戰爭無可避免的原因是，崛起的新興勢力不斷擴張，以及因此而引起的既成霸主之恐懼感。參閱陳季冰，「走出『修昔底德陷阱』」（2018 年 12 月 14 日），2018 年 12 月 18 日，《**FT 中文網**》，http://www.ftchinese.com/story/001080683?adchannelID=&full=y。

現不可避免的混亂，最後可能會掉入戰爭陷阱中。

艾利森進一步分析指出，自第二次世界大戰結束 70 年以來，華盛頓所主導建立的架構定義了世界秩序，近年來美國乃至整個西方越來越多的人認為，日益強大的中國大陸正試圖主導重新建構新的國際秩序，包括區域經濟整合、國際反恐、朝核問題、東亞區域安全、國際金融秩序等國際政經議題，中國大陸的話語權顯著提升，而美國的影響力則受到排擠。

習近平有感於中國大陸過去百年所受的屈辱，近年提出「中華民族偉大復興」的遠大目標，對應川普提出的「讓美國再度偉大」的口號，在現行世界秩序下兩者難免發生衝突，尤其兩國不相容的文化和政治制度，中國大陸日益增強的實力必然加劇美國的擔憂。

因此，艾利森認為，近期美中貿易爭端，可能只是兩大強國博弈的一隅，其解決或推遲的協議條款，放在更大的地緣政治棋盤上審視，並不會顯著的影響崛起的中國和守成的美國之間修昔底德式競逐。不過，基於兩國有高度相互依存的經貿關係，以及防止核武器事件發生的共同意願，或將為未來中美關係發展提供正面助力。

美中貿易戰愈演愈烈，凸顯中美關係可能將進入一個全面競爭的新時代。北京不太可能屈服於華盛頓的壓力，改變自己的發展模式，而美國為遏制中國大陸技術崛起，維護全球的霸權地位，對中國大陸的制裁施壓必將持續，顯然美中

之間的對決已進入「冷戰模式」，要逆轉這種態勢幾乎是不可能的，因此，兩國的貿易爭端即便可以達成協議，科技、地緣政治等領域相關議題之對抗勢將持續上演。

　　美國和中國大陸分別是全球第一和第二大經濟體，同時也是最大的兩個貿易國；美中兩國經濟的興衰，直接影響全球經濟的榮枯。2018 年美中兩國爆發貿易戰，不只已擴大涵蓋了全部的商品，更蔓延至科技戰，甚至是全面的經濟戰，對美中兩國、全球經濟已造成傷害，至今餘波盪漾，還看不出有和解的跡象。由於美中兩國是台灣最重要的經貿夥伴，美中雙邊經貿關係之發展，攸關台灣經濟穩定成長和全民福祉，有必要對美中貿易戰爆發的背景、演進、造成的衝擊和未來展望，做有系統的研究分析。

本書章節架構安排

　　本書除了第一章導論和第八章探討美中貿易爭端未來之發展。

　　第二章：主要討論川普執政後的美國政府，與中國大陸雙邊經貿關係的衝突與對話。

　　川普競選總統大位期間，在「美國優先」、「美國再度偉大」的口號下，曾一再指責大陸官方非法補貼出口、匯率操控、脅迫技術移轉、偷竊智慧財產等行為，進行不公平競

爭，造成美國製造業衰落，數以百萬的美國人喪失工作機會。因此，提出未來將對中國大陸的貨品加徵 45% 的進口關稅，以減少鉅額貿易逆差；並誓言要把中國大陸列為貨幣操縱國等。不過，川普執政後，這些敵視中國大陸的政見並沒有立即付諸行動，反而是與大陸官方展開對話，特別是習近平與川普互訪，雙方代表還舉行了首輪「中美全面經濟對話」。

只是好景不常，美中兩國經貿關係摩擦不斷，對立情勢逐漸升高。2017 年 11 月底，就在川普訪問中國大陸結束後返國不久，美國開始對中國大陸展開經貿對抗行動。先後宣布對進口自中國大陸的普通合金鋁板進行反傾銷與反補貼的雙重調查；推遲承認中國大陸市場經濟地位，指責中國大陸體制與不當政策扭曲市場，以及暫停中美全面經濟對話（CED）等。

2018 年 4 月初，美國貿易代表署公布「301 調查」報告，指控大陸官方存在強迫美國企業技術轉讓；竊取美國知識產權；惡意併購美國高科技企業，不正當獲取美國企業先進技術；歧視性的許可註冊限制，偏袒國內本土企業，嚴重傷害美國的商業利益。川普政府乃據此公布對中國大陸貿易制裁商品清單，兩國的貿易戰於 7 月 6 日正式開打。

第三章：探討美國對中國大陸祭出貿易制裁的具體內容，以及其演變。

川普對中國大陸掀起貿易戰爭，一方面祭出課徵懲罰性關稅，制裁不公平貿易行為，涵蓋的商品範圍一波接一波，不斷加碼，另一方面更重要的是，要求中國大陸採取具體行

動，進行「結構性改革」，也就是要求大陸官方推動相關的法規與制度的改革，以徹底解決強制技術轉讓、竊取知識產權、政府補貼等不正當競爭和不公平貿易的結構性問題。

美國對中國大陸制裁的商品，聚焦在「中國製造2025」相關行業，背後蘊含的是在處理技術轉讓與知識產權保護問題。因此，「301調查」看似針對中國大陸高新科技產業的貿易摩擦，由於所涉產業的重要性和大陸官方的產業政策扶持，貿易摩擦背後其實是兩國經濟發展方式和國家治理模式的摩擦，更是美中核心競爭力之爭。

川普執政後的美國，對中國大陸的定位已經從過去的「戰略夥伴」轉變為「戰略競爭對手」；認為中國大陸對美國的國家安全威脅愈來愈大，對美國的霸權地位構成挑戰。科技能耐作為決定一個國家未來安全、綜合實力和競爭力的關鍵因素，中美兩國的科技競爭逐漸白熱化，對美國而言，遏制中國大陸高科技產業發展和經濟快速崛起已迫在眉睫。

第四章：特別聚焦討論美中貿易戰的本質，乃在於科技霸權之爭奪。

為了遂行遏制中國大陸經濟崛起的企圖，川普政府除了採取關稅手段，還運用非關稅手段，多管齊下進行技術圍堵，阻止／遏制中國大陸從美國獲取高新技術，其中，最主要是利用出口管制，阻止美國企業向中國大陸輸出技術。

早在2018年8月初，美國商務部將44家中國大陸實體列入出口管制的實體清單，而最具代表性的案例莫過於針對

中興通訊、華為兩家 5G 通信科技公司的禁售令和禁購令；中科曙光等 5 家超級計算技術領域實體、中廣核等 4 家核電技術領域實體，也先後被列入清單。

其次是透過新立法，加強對外來投資的審查，限制中資企業投資美國。

第三是運用司法起訴打擊中國大陸個人、企業或機構，其法律依據主要有反托拉斯法、反海外賄賂法、反洗錢法、經濟間諜法、保護營業機密等。

第四是積極爭取歐盟、日本、澳大利亞等盟國支持圍堵中國大陸的政策。

第五推出「毒丸條款」，也就是在美加墨自貿協定中（第 32.10 條）訂定，任何締約成員國與非市場經濟國家達成自貿協定，其他成員國可以在 6 個月後退出協定，雖未指明非市場經濟國家是哪一個，但大家心知肚明，其目的在於孤立中國大陸。

第六是屬行科技脫鉤的行動，除了制裁中資科技公司，也限制滯留美國的華裔科技人才為中國大陸效力，限制大陸自然科學領域學生到美國留學，延緩核准中國大陸的公民在美國半導體企業高級工程師的應聘申請等。

就在川普簽署行政命令封殺華為事件不久，中國大陸商務部亦公開宣布，決定建立「不可靠實體清單」制度，出於非商業目的對中國大陸企業實施封鎖或斷供，嚴重損害中國大陸企業正當權益的外資企業、機構／組織或個人，將被列

入不可靠實體清單中，也就是被列為拒絕往來對象。中國大陸出手還擊，顯示兩國科技冷戰已開啟。

　　第五章：探討美中貿易戰火蔓延，對彼此的經濟已造成的影響。

　　美中貿易戰對中國大陸經濟的直接衝擊，主要表現在出口成長受挫、外資企業撤離大陸、外資繼續在大陸擴大投資的意願降低等。

　　大陸官方公布的資料顯示，[6] 美中貿易戰已導致中國大陸出口及對美出口增速大幅下滑，今年上半年增速分別為 0.1% 和 -8.1%，與去年全年的出口表現比較，分別下降了 9.8 和 19.4 個百分點，其中涵蓋在 500 億、2,000 億美元清單的商品，出口增速在加徵關稅後分別下滑了 41.2 和 24.1 個百分點。

　　附加關稅將增添企業的成本，可能使得已面臨經營成本不斷上漲的外資企業雪上加霜，不得不將部分業務，甚至全部撤離中國大陸。對美出口萎縮，加上外資企業撤離，中國大陸的經濟成長動能正逐漸衰弱。美國知名投資銀行摩根史坦利的研究報告指出，[7] 美中貿易戰若持續擴大，最極端的

NOTES

6　任澤平、羅志恒、華炎雪、賀晨，「客觀評估中美貿易摩擦對雙方的影響」（2019 年 7 月 18 日），2019 年 9 月 6 日瀏覽，《搜狐網》，http://www.sohu.com/a/327802257_467568。

7　「摩根史坦利報告出來了：貿易戰對中國 GDP 的影響有多大」（2018 年 7 月 14 日），2019 年 7 月 15 日瀏覽，《財經網》，http://economy.caijing.com.cn/20180714/4486122.shtml。

情況是美國完全停止從中國大陸進口商品，則中國大陸 GDP
成長率將下滑 3 個百分點。

摩根史坦利經濟學家同時指出，如果美國政府在貿易制
裁之外，決定另外對高科技領域加強對中國大陸出口管制，
譬如禁止晶片、軟件等商品，由於目前中國大陸對美國存在
高度依賴，則可能對中國大陸造成更大傷害。

美中貿易戰對美國經濟同樣會造成傷害，首當其衝的是
雙邊貿易流量，一方面中國大陸減少自美國採購；另一方面，
美國對中國大陸製品加徵進口關稅可能造成的負面影響，有
可能反饋傷及美國，因為在全球價值鏈架構下，中方的貨品
製程中所需的中間原材料、零組件，有部分採購來自美國。

加徵關稅將直接增加相關商品的成本，有可能轉嫁給進
口商，最後傳導至消費者。國際貨幣基金（IMF）今年 5 月
下旬的一項研究發現，[8] 關稅加徵前，從中國大陸進口的跨
境價格幾乎沒有變化；關稅加徵後進口價格急遽上漲，漲幅
幾乎與關稅一致，由此推論因關稅上漲造成的全部成本，一
部分已轉嫁給了美國消費者。

除了衝擊美國勞動就業、物價，貿易戰還造成美國股市
震盪，對美國經濟成長也將造成傷害。德意志銀行（Deutsche
Bank）的研究報告指出，過去 17 個月來美國大打貿易戰，
造成美國股市偏離正軌，股市報酬因而少賺 5 兆美元；儘管
有諸多因素同時發揮作用，貿易戰無疑是阻止全球經濟復
甦，以及導致美股區間震盪的關鍵因素。[9]

今年第二季，美國 GDP 折合年成長率約僅 2.1%，遠低於第一季的 3.1%，同時通膨率未達 2% 的預定目標，已令美國官員憂心。[10] 美國聯準會在 7 月底宣布調降基準利率 1 碼，是在過去 10 年來的首度降息；9 月中旬，美國聯準會再度宣布調降基準利率 1 碼，顯示美國經濟已面臨下行風險，降息是為了支撐經濟並提振通貨膨脹的必要措施。

第六章、第七章：分別探討美中貿易戰，對全球經濟和台灣經濟造成的衝擊。

美中貿易戰造成的衝擊，在全球化架構下，已逐漸擴散至其他國家。對台灣而言，由於美中兩國都是台灣重要的經貿夥伴，尤其中國大陸是台灣第一大貿易夥伴，是台商在海外投資最聚集的地區，兩岸經濟早已形成複雜且緊密的產業網絡，雙邊經濟關係非常密切，台灣經濟無法置身度外。

NOTES ─────────────────────────────

8　另一項類似研究得到的結論是，中國出口廠商最終將負擔 25% 附加關稅中的 20.5%，而美國消費者僅負擔其中的 4.5%。參閱陸丁，「中美貿易戰，美方經濟損益知多少」（2019 年 6 月 5 日），2019 年 6 月 6 日瀏覽，《**FT 中文網**》，http://www.ftchinese.com/story/001083036?adchannelID=&full=y。

9　「貿易戰 17 個月 美股少賺 5 兆美元」（2019 年 6 月 3 日），2019 年 8 月 25 日瀏覽，《**工商時報**》，https://ctee.com.tw/news/global/100843.html。

10　「聯準會降息替經濟打預防針 短期內恐難再降」（2019 年 8 月 1 日），2019 年 9 月 3 日瀏覽，《**中央社**》，https://www.cna.com.tw/news/aopl/201908010021.aspx。

　　在台商的全球布局版圖中，台商將中國大陸定位為生產基地，加工製造所需的原材料、半成品和零組件，很大部分從台灣採購，終端產品主要銷往第三國，特別是美國市場。因此，美國對中國大陸進行貿易制裁，直接或間接都難免殃及台灣。尤其通訊、資訊電腦相關產品行業，美國主要進口商為美商蘋果（Apple）、美商惠普（HPI）和戴爾電腦（Dell），供應商主要是在中國大陸投資的台資企業，受到的衝擊最大。

　　中華經濟研究院在 2018 年 11 月間的問卷調查發現，有八成的台灣製造業廠商受訪時表示，美中貿易爭端對公司訂單、產能或營運造成影響；其中，表示「訂單與客戶流失」的廠商占全部受訪廠商的比重高達 44.8%，較半年前的 28.5% 高出許多，顯示中美貿易戰對台灣製造業廠商的負面效應愈來愈明顯。[11]

　　不過，對某些原本與中資企業在美國市場相互競爭的台灣廠商而言，卻可能拜美中貿易戰之賜而受益。根據財政部統計處的資料顯示，[12] 以 2018 年的資料為例，涵蓋在美國對中國大陸制裁清單的商品對美國出口成長 10.7%，而其他未涵蓋在制裁清單的商品，同期間台灣對美國出口呈現負成長（-1.0%），該兩類商品台灣對中國大陸出口實績表現之落差，自當年第四季開始明顯擴大。2019 年 1-7 月的資料顯示，台灣對美國出口，清單項目年增率 24%，較非清單項目的 1.3% 多出 22.7 個百分點，轉單效應非常明顯。

　　為了規避美中貿易戰火的肆虐，有不少台商在美國客戶

的要求下，將產能自中國大陸遷移至第三地；而原已有多元布局的台資大廠，跨國調配產能已如火如的在進行。[13] 除了一小部分返回台灣投資，到第三地投資設廠，主要在東南亞的越南、柬埔寨、緬甸，南亞的印度，還有北美洲的墨西哥等。

美中貿易爭端已演變成科技戰，甚至是意識形態和地緣政治的角力，未來兩國在高科技、人工智慧等行業下世代領域對抗，競奪主導權的格局預料不會改變，貿易摩擦也不會停止，相關業者宜嚴肅面對，研擬短中長期策略以規避可能的風險。

短期內或許可以借助各種關稅策略、國際規例因應，譬如考慮與各自的美國同業合作，爭取美國政府和國會豁免對他們的產品加徵關稅；中長期則可以考慮避免過度集中美國市場，轉移至第三地生產，或借助原產地國際規則，改變出口地。釜底抽薪的方法，則是加速轉型升級和技術創新，提高產品附加價值。

NOTES

11　「美中貿易戰 僅 12% 台商匯回流台灣」（2018 年 12 月 19 日），2019 年 1 月 25 日瀏覽，《**Money DJ 新聞**》，https://blog.moneydj.com/news/2018/12/19/。

12　財政部統計處，「近期美國對中國大陸貨品加徵關稅之相關影響分析」，108 年 8 月 21 日，未發表研究報告。

13　「《台東越中四國直擊》中美貿易戰延長賽，台商動向大追蹤 台商徹逃中國倒數 90 天」，2018 年 12 月 12 日，2019 年 6 月 15 日瀏覽，《**商業週刊**》第 1622 期，https://www.businessweekly.com.tw/magazine/Article_mag_page.aspx?id=68472&p=2。

第 2 章

美中經貿關係的衝突與對話

川普在競選期間，曾針對中國大陸提出多項不友善的政見，譬如，將對來自中國大陸的貨品加徵 45% 的進口關稅，以減少鉅額貿易逆差，誓言要把中國大陸列為匯率操縱國。

川普還表示，上任後將指示美國貿易代表署（USTR）對中國大陸提起貿易訴訟，並依法行使總統權力，對中美兩國貿易爭端採取補救行動，其中包括根據美國相關法規徵收懲罰性進口關稅。不過，川普執政後，在競選期間所提出的一些激烈言論並沒有立即付諸行動，中美雙邊經貿關係基本上呈現磋商合作、摩擦與對立的兩條路線展開。

首先，從經貿摩擦方面觀察。2017 年 3 月 1 日，美國貿易代表署發布《2017 年度國別貿易壁壘評估報告》，列舉中國大陸對美存在的破壞公平貿易或違反 WTO 規則的主要貿易壁壘，涉及知識產權、產業政策、服務貿易、數字貿易、農業、政策透明度、法律框架等 7 大類 46 小類，態度極不友善。

川普政府對北京的經貿責難不斷

川普政府又於 2017 年 4 月 1 日，發布《特別 301 報告》，繼續將中國大陸列入優先觀察名單；報告指出大陸存在大量侵犯知識產權行為，並認為大陸在市場准入、強制要求美國在大陸的企業研發本土化等方面存在不正當手段。

　　自 2017 年 4 月開始，美國商務部陸續對某些自中國大陸進口的特定產品展開反傾銷、反補貼調查，例如一般用途鋁合金板（11 月初啟動）；還有為因應進口競爭展開的「201 調查」，[1] 例如家用大型洗衣機（5 月間啟動），以及為維護國家安全展開的「232 調查」[2]。川普總統在收到美國貿易代表署相關調查報告之後，都分別提出救濟措施，對中國大陸施以不同程度的關稅制裁（表 2-1）。

　　值得注意的是，儘管大型洗衣機、矽晶太陽能電池與模組的保障措施，以及鋼鐵和鋁產品的安全措施並非只以中國大陸對象，但毫無疑問，中國大陸是主要對象之一。

　　再以矽晶太陽能電池與模組為例，美國官方一直指控中國大陸矽晶太陽能電池與模組產能過剩，衝擊全球貿易，顯然美國對該產品加徵進口關稅，主要在針對中國大陸。

　　就鋼鐵、鋁產品而言，加徵關稅措施公布後，美國官方表示將與各國豁免徵稅進行雙邊談判，但中國大陸被排除在

NOTES

1　美國 1974 年貿易法第 201 條（簡稱為 201 條款）的內容為：就特定產品之進口增加，是否為國內生產相同或直接競爭品產業遭受嚴重損害或受有嚴重損害威脅之主要原因。如為肯定裁定，則調查機關將向總統建議救濟措施，而總統對所提救濟措施內容具有最終決定權，包括提高關稅、設定關稅配額和行政數量限制措施等。

2　美國 232 調查，係指美國商務部根據 1962 年《貿易擴展法》第 232 條款授權，對特定產品進口是否威脅美國國家安全進行立案調查，並在立案之後 270 天內向總統提交報告，美國總統在 90 天內做出是否對相關產品進口採取最終措施的決定。

表 2-1　貿易戰正式開打前川普對中國大陸經貿議題之責難

時間	政策內容
2017 年 3 月 1 日	發布《2017 年度國別貿易壁壘評估報告》，列舉中國大陸對美存在的破壞公平貿易或違反 WTO 規則的主要貿易壁壘。
2017 年 4 月間	以威脅國家安全為由，對進口鋼鐵和鋁產品啟動「232 調查」；同一時間發布《特別 301 報告》，繼續將大陸列為優先觀察名單。
2017 年 8 月 14 日	依據「301 條款」，就知識產權保護領域對中國大陸的不公平貿易行為展開調查。
2017 年 12 月間	川普政府提出新版國家安全戰略，將中國大陸列為戰略競爭對手，並稱中國大陸對美國「經濟侵略」；另公開拒絕承認中國大陸的市場經濟地位。
2018 年 1 月 22 日	對進口大型洗衣機和矽晶太陽能電池與模組，分別採取為期 4 年和 3 年的全球保障措施，並分別徵收最高稅率達 30% 和 50% 的關稅。
2018 年 2 月間	對進口中國大陸的鑄鐵汙水管道配件徵收 109.95% 的反傾銷關稅；對中國大陸鋁箔產品廠商徵收 48.64% 至 106.09% 的反傾銷稅，以及 17.14% 至 80.97% 的反補貼稅。
2018 年 3 月 7 日	川普下令對包含中國大陸在內所有進口鋼鐵和鋁產品課徵 25% 和 10% 關稅；另對中國大陸提出要求，將美國對中貿易逆差減少 1,000 億美元
2018 年 3 月 22 日	公告「301 調查」結果，並於 4 月 3 日公布對中國大陸加徵進口關稅建議清單，涵蓋 1,333 項、等值 500 元貨品加徵 25% 關稅。
2018 年 3 月 23 日	即日起對進口鋼鐵和鋁產品分別加徵 25%、10% 的關稅。

資料來源：作者根據相關資料整理。

磋商名單之外；對某些特定國家而言，美國甚至是以其與中國大陸經貿政策立場，作為是否給予豁免待遇的考量依據，這種作為，將中國大陸作為主要制裁對象的意向至為明顯。

　　2017 年 8 月中旬，川普進一步授權美國貿易代表署，依據《1974 年貿易法》第 301 條，對中國大陸啟動「301 調查」，以確定大陸在技術轉讓、知識產權和創新等領域的法規、政策和實踐作為，是否不合理或具歧視性，以及對美國商業是否造成負擔或限制等。[3] 調查的重點在於：

　　（一）大陸官方是否利用某些政策工具控制或干預美國企業在中國大陸的營運，以利中國大陸企業取得技術和知識產權。

　　（二）大陸官方是否剝奪了美企在和中企進行許可證發放、及其他關於技術轉讓的談判時，制訂具備市場基礎的權利條款，且是否削弱了美企對其在中國大陸投資企業的技術控制力。

NOTES

3　美國「301 條款」有狹義和廣義之分，前者是指美國《1974 年貿易法案》的第 301 節，又被稱為「一般 301 條款」，主要應用對像是具體的商品貿易；而後者，除了包括「一般 301 條款」之外，還包括保護美國知識產權的「特別 301 條款」和關於貿易自由化的「超級 301 條款」及其配套措施。參閱「詳解美國貿易『核武器』：301 條款」（2018 年 3 月 23 日），2018 年 5 月 2 日瀏覽，《**華爾街見聞**》，https://wallstreetcn.com/articles/3257659。

（三）大陸官方是否採取特殊政策，不公平地促進中企對美企進行系統性投資或收購，以獲取尖端技術和知識產權，並進行大規模的技術轉讓。

（四）大陸官方是否進行或支持未經授權入侵美國商業計算機網絡，竊取美國的知識產權、商業機密的行為，這一行為是否又損害了美企，或為中企提供了競爭優勢。

2017 年 12 月間，川普政府提出新版國家安全戰略，將中國大陸列為戰略競爭對手，並稱中國大陸對美國「經濟侵略」；另公開拒絕承認中國大陸的市場經濟地位。

美中展開雙邊經貿對話

在磋商合作方面，2017 年 4 月間，川習高峰會在美國佛州召開（表 2-2）。在川習會之前，美國抱怨中國大陸操縱匯率、雙邊貿易失衡太大、貨品傾銷；而中國大陸對美國運用反補貼、反傾銷之雙反制裁，限制高科技產品輸出中國大陸，以及限制中國大陸企業在美國進行購併投資等議題抱怨連連。

川習會第二輪會談結束後，雙方表示將啟動外交、安全、經濟對話及談判溝通，並同意在貿易、投資上同意深化合作，降低摩擦；最後雙方達成《中美經濟合作百日計畫早期收穫》，也就是「百日計畫」的共識。

表 2-2　貿易戰正式開打前美中兩國的經貿對話

時間	政策內容
2017 年 4 月初	習近平與川普在美國佛州舉行高峰會，雙方達成「百日計畫」的共識。
2017 年 7 月 19 日	雙方代表團齊聚美國華府，舉行首輪「中美全面經濟對話」，確認開展合作一年計畫。
2017 年 11 月初	川普訪問大陸，在北京簽署商業合同和雙向投資協議，總金額超過 2,500 億美元。
2018 年 2 月間	針對美國拒絕承認中國大陸的市場經濟地位，以及對鋼鐵和鋁製品加徵關稅等議題，中國大陸國務委員楊潔篪、副總理劉鶴先後率團赴美溝通。
2018 年 5 月初	美中展開第一輪貿易談判，美國財政部長率團赴北京，議題聚焦在中美貿易失衡和中方強迫技術轉移等方面。
2018 年 5 月 17 日	劉鶴率團赴華府與美方代表團進行第二輪正式協商，會後雙方發布《中美貿易磋商聯合聲明》。
2018 年 6 月 2-3 日	5 月底，中美雙方工作團隊在北京，就如何具體落實中美雙方聯合聲明共識展開磋商；稍後雙方談判代表團，就兩國經貿爭端相關議題展開第三輪貿易談判。
2018 年 12 月 1 日	藉 G20 阿根廷峰會場合，川習舉行會談，雙方宣布暫停採取新的貿易措施，並設定了三個月的談判期限。

資料來源：作者根據相關資料整理。

「百日計畫」的重點有三，一是早期收穫，二是擬定在百日內可取得重大成果的領域，三是確認在百日內可以取得階段性的成果。經過多回合磋商後雙方達成 10 項共識，包括中方儘快允許進口美國牛肉、美國儘快實現中方禽肉出口美國、美國歡迎中國大陸等貿易夥伴自美國進口液化天然氣、中國大陸將允許在華外資全資金融服務公司提供信用評級與電子支付服務等。

三個月過後，兩國代表在美國華盛頓舉行首輪「中美全面經濟對話」，議題除了檢討「百日計畫」成果，更重要的是確認開展中美兩國經濟合作一年計畫。美方關切的是雙邊貿易失衡問題、人民幣匯率、產能過剩、市場開放、智慧財產權保護等方面；而中方的訴求，主要集中在履行世貿議定書第 15 條義務，美國對中出口管制、中企赴美投資的公平待遇問題、美方濫用貿易救濟措施等方面。

不過，雙方在會談後並沒有簽署任何協議，也沒有發布聯合聲明，美方代表甚至在會後大談中國大陸貿易威脅，顯示過去幾個月雙方互動的蜜月期已提前結束。

2017 年 11 月，川普訪問中國大陸，習近平高規格接待川普，簽署商業合同和雙向投資協議，總金額超過 2,500 億美元；原本緊張的美中關係趨於和緩。

令人意外的是，川普訪問中國大陸結束後返國才兩個星期，即開始針對中國大陸展開經貿對抗行動。首先是美國商務部 11 月 28 日宣布，將針對進口自大陸的普通合金鋁板進

行反傾銷與反補貼的雙重調查；其次，川普政府在 11 月 30 日正式宣布，與歐盟採取一致步調，再次推遲承認中國大陸市場經濟地位，指責大陸體制與政策扭曲市場；第三是暫停中美全面經濟對話（CED），暫停原因在於川普抱怨兩國之間存在巨大貿易失衡，並稱中方為經濟自由化所做的努力已經倒退。

大致而言，2017 年中美經貿關係還算平穩，除了雙方實施百日合作計畫，並實現早期收穫外，兩國最高領導人也成功落實互訪。儘管如此，川普政府其實並未放棄對中強硬經貿政策立場。

美國貿易代表署在有關中國大陸履行加入 WTO 承諾的年度檢視報告中批判指出，美國支持中國大陸加入 WTO 是一個錯誤的決定；當初為協助中國大陸推動經濟自由開放，以及市場化發展的貿易制度而提出的多項入世條件，也已證明成效不彰；過去 10 多年，中美兩國高層次合作對話，大都無助促使中國大陸更積極履行入世承諾。類似這般的言論經常出現，預示川普政府對中國大陸的經貿政策，將轉向嚴格執法。

對話並未緩和美中經貿緊張關係

中國大陸一向是全球各地貿易救濟調查的主要對象，大

陸商務部一份報告指出，在 2017 年間，全球有 21 個國家及地區共計對中國大陸開啟 75 宗貿易救濟調查，其中 55 宗有關反傾銷、13 宗有關反補貼，其餘 7 宗涉及保障措施。[4]

2017 年間，美國對中國大陸實施許多貿易調查，如前所述，包括依據 WTO 多邊規則下的貿易救濟（remedy），例如反傾銷、反補貼、保障措施等；以及依據美國國內貿易法相關條款採取的貿易調查（investigation），主要有 201、232、301 條款調查等。

根據統計，美國對中國大陸貿易調查立案數，2017 年共計 51 件，突破 2016 年大選年創下的 44 件歷史紀錄。其中，依據 WTO 規則發起的針對中國大陸貿易救濟立案數有 25 件，依據美國國內貿易法對中國大陸展開貿易調查的有 26 件，[5] 其中包括 2017 年 8 月中旬啟動的 301 調查。

2018 年 3 月 22 日，美國貿易代表署將「301 調查」結果呈交川普總統，隨即由川普簽署了一份針對中國大陸的「經濟侵略」（China's Economic Aggression）備忘錄並對外公布，認定中國大陸的技術轉讓制度不公平，主要是利用行政許可和審批程序，強迫美國企業技術轉移；竊取美企智慧財產；政府主導、企業和相關單位高度配合，惡意併購美國高科技企業，不正當獲取美企先進技術；歧視性的許可註冊限制，偏袒國內本土企業，嚴重傷害美國的商業利益。

該「301 調查」報告提到，今後將對中國大陸採取三大措施，一是對中國大陸製品進口加徵關稅，涉及的產品涵蓋

1,333 個稅項、進口金額約 500 億美元；二是訴諸 WTO 爭端解決機制，也就是向 WTO 就歧視性技術許可方面的問題控訴中國大陸；三是限制中方企業對美投資，由美國財政部在 60 天內，制定限制中方企業投資和併購美國企業的方案。

川普政府公布「301 調查」制裁方案

擬議制裁的商品清單，係針對從中國大陸「中國製造 2025」計畫中受益的產品，同時最大限度地減少對美國經濟的影響，主要包括航空航太、信息和通信技術、機器人和機械等行業（表 2-3），建議加徵 25% 關稅；將在完成公開通知和評論過程後，再決定徵收附加關稅的商品清單，以及正式實施日期。

從大型洗衣機、矽晶太陽能電池與模組，到鋼鐵、鋁製品，再到依「301 調查」提出大規模的貿易制裁清單，中

NOTES

4 「美國中期選舉年中美貿易關係發展趨勢：美國貿易補救行動可能引發強烈不滿」（2018 年 3 月 9 日），2018 年 5 月 2 日瀏覽，《**香港貿發局經貿研究**》，http://economists-pick-research.hktdc.com/business-news/article/。

5 盧鋒、李雙雙，「中美貿易戰靴子何時落下？」（2018 年 3 月 30 日），2019 年 2 月 6 日瀏覽，《**FT 中文網**》，http://www.ftchinese.com/story/001076951。

美貿易爭端一再擴大,究其背後原因,表面上是川普對雙邊貿易失衡不斷擴大表示不滿,要求大陸減少美中雙邊貿易差額,要求大陸進一步對美開放市場;其實骨子裡還有更深層的原因。

表 2-3　美國「301 調查」對中國大陸加徵關稅商品建議清單

商品類別	項目數	占同類商品美國進口總額比重（%）	主要項目
電機	241	20.10	發電機、馬達、電視機、自動段路線、電子零件（不含手機及積體電路）
軌道車輛機械	17	18.79	軌道車輛及其零件
機械	537	13.67	鍋爐、引擎、產業用機械、工具機及零件、硬碟機、塑膠射出機
儀器	164	9.71	電影用攝影機、測量儀器、面板、磁性共振影像器具、醫療器材
卑金屬製品	1	8.27	絞鏈
橡膠及其製品	8	8.22	航空用輪胎、再生胎
鋁及鋁製品	27	7.92	

無機化學品	4	5.55	鈾礦、釷曠
有機化學品	38	4.94	原料藥化學品
鋼鐵製品	44	4.75	不鏽鋼製品、鋼軌、鋼管
家俱	5	4.18	汽車及飛機座椅
武器	15	2.05	手槍及其零件
航空器及其零件	16	1.65	
船舶	11	1.02	渡輪、油輪、挖泥船、漁船
車輛	48	0.96	汽車整車及底盤、機車整車及其零件
雜項化學品	1	0.96	抗凍劑
醫藥品	47	0.65	原料藥、成品藥
鋼鐵	108	0.57	鋼板、合金鋼版
鐘錶	1	-	運輸工具用時鐘
合計	**1,333**	**6.98**	

資料來源：群益投顧整理。

　　根據統計，自 2000 年起，中國大陸取代日本成為美國貿易逆差最大的來源國，2018 年貨物貿易逆差高達 4,190 億

美元（圖 2-1），占美國貨物貿易逆差總額的 47%，較 2007
年的 32% 增加許多。川普認為，這種現象凸顯的是不公平
競爭，而追根究柢，主要是因為中方不信守加入 WTO 之承
諾，未充分履行市場法則，採取國家主導、重商主義政策，
對經濟造成扭曲的必然。

　　美國指責中國大陸，加入 WTO 這麼多年來仍未充分履

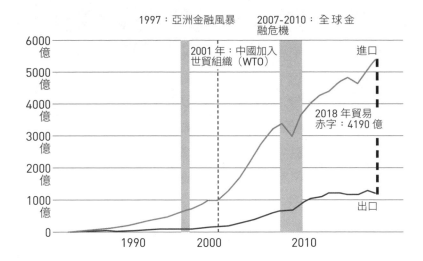

美中貿易額（單位：美元）

美國對華貿易赤字從 1985 年開飆升

資料來源：「中美貿易談判：關稅上調在即，特朗普收到習近平『美麗信件』」
　　　　　（2019 年 5 月 10 日），2019 年 6 月 6 日，BBC 中文網， https://
　　　　　www.bbc.com/zhongwen／trad/world-48222287

圖 2-1　歷年來美中雙邊貿易發展趨勢

行當初許下的承諾，主要表現在知識產權保護不力；政府補貼國企；「中國製造 2025」產業政策等造成的不公平競爭；強制技術轉讓；在金融、通訊、能源、農業、交通等領域，市場對外開放不足等。近幾年發展非常快速的互聯網產業，中國大陸又以「網路安全」為由，把外國的互聯網產業大型企業，例如 Google、Facebook 等，都擋在中國大陸的防火牆之外。

　　中國大陸在加入 WTO 之初，被認定為「發展中國家」，享受巨大的優惠，如今已發展成為全球第二大經濟體，在貿易上繼續利用發展中國家身分享受各種優惠，顯然不公平、不合時宜，這是美國等西方國家要求改變的主要理由。

美中貿易爭端的深層原因

　　此外，美中經貿關係中長期存在的知識產權爭端問題，川普更是耿耿於懷，對中國大陸發起「301 調查」，依據的就是其偷竊智財權、強制美國企業技術轉讓等不正當交易行為。

　　美國指控，大陸官方運用各種政策工具，包括限制及行政審查和許可程序等手段，強制美國公司將技術轉移給中方企業，結果造成美國投資和技術的價值減損，更削弱了美國公司的全球競爭力。

其次，中方企業仿冒商品、侵害美國智財權；同時，透過網路竊取數據，包括知識產權、商業機密及敏感的商業信息等，造成美國經濟損失，危害美國國家安全。

根據在北京的美國商會一份調查發現，在中國大陸經商的美國企業，有一半以上都很關心知識產權被剽竊的問題。另根據美國官方調查，中方企業仿冒商品、盜版軟件和盜竊商業機密，造成美國公司蒙受的智慧財產損失，每年高達2,500 億美元到 6,000 億美元。[6]

產業政策是美中貿易爭端的另一個重點，川普政府特別關切中國大陸的「中國製造2025」計畫。美國認為，大陸官方實行國家資本主義戰略，為本國企業提供特殊政策支持，尤其對目標產業提供大量財政補貼，並且以公權力指導和促成中方企業系統性地投資及收購美國公司和資產，以獲得尖端技術和知識產權，甚至透過網路等不正當手段盜竊關鍵技術，造成不正當和不公平競爭問題。

其實，美國對中國大陸挑起貿易爭端，主要是因中方綜合國力快速提升，已對美國的霸權地位造成威脅。美國指控中方的種種「不公平」、「不對等」的行為，在過去中美兩國經濟實力差距很大的時候，美國大多是睜一隻眼閉一隻眼；如今中國大陸經濟崛起，美國已感受到國家利益遭到威脅，無法再像過去一樣視而不見。

中美兩國經濟實力對比的消長，以 GDP 指標來看，1980 年代，美國的 GDP 平均約相當於中國大陸的 13.2 倍；

表 2-4 近 40 年來中美兩國 GDP 規模相對地位變化

	美國（兆美元）	大陸（兆美元）	美／中（倍）
1981-1990 平均	4.49	0.34	13.2
1991-2000 平均	8.03	0.80	10.0
2001-2010 平均	13.09	3.09	4.2
2011-2017 平均	17.42	10.10	1.7
2023 年預測	24.53	21.57	1.1

資料來源：作者根據相關資料整理。

進入 21 世紀，中美兩國 GDP 的規模差距大幅縮小，2011-2017 年平均，美國只超過中國大陸 70% 左右（表 2-4）。

2017 年中國大陸 GDP 高達 12 萬億美元，約相當於美國的 63%；未來美國和中國大陸經濟成長率若每年分別以 6%、2.3% 的速度持續成長，則大約在 2027 年左右，中國大陸有可能超越美國，成為全球第一大經濟體。

中美兩國綜合經濟實力之消長，讓美國感受到強勁威

NOTES

6　「銀行家觀點：川普執意要挑起美中貿易戰，迫使中國面對問題」（2018 年 10 月 20 日），2019 年 1 月 27 日瀏覽，《**LINE TODAY**》，https://today.line.me/tw/pc/article/。

脅，因而不斷對中國大陸施加壓力，試圖複製 1980 年代美日貿易戰的經驗，牽制大陸發展，維護自身在全球的政治、經濟領導地位。

大陸高新科技產業快速發展，觸動了美國「國家安全」的敏感神經，是讓川普一再祭出「301 調查」殺手鐧的重要原因。近幾年，除了百度（BAT）等這樣的軟體和服務供應商之外，華為、中興等通訊基礎設施供應商，甚至像小米這樣的硬體製造商，都逐漸在國際市場上嶄露頭角，占有一席之地。

美國認為，中國大陸正在以國家戰略培育新一代通信 5G、人工智慧（AI）和自動駕駛等，直接攸關到軍事技術的高科技領域。美國存在高度的不信任感，認為這些領域的中方企業之所以能夠快速發展，是大陸當局的「市場換技術」政策，強迫外國企業轉讓所擁有的專利和技術；而大陸官方以行政資源強力介入後，這些行業的產能激增，也導致國際市場供需失衡。

從美國本身來看，川普挑起對中國大陸的貿易爭端，除了有經濟利益考量，更有政治利益的訴求，一方面希望透過貿易制裁，逼使包括美國企業在內的外資企業撤離大陸地區，並配合「再工業化」政策，吸引跨國美資製造業回流，強化產業技術方面的領先優勢與價值鏈上的主導地位，另一方面，試圖藉此事件激起國內民粹主義和貿易保護主義的風潮，兌現「美國優先」的競選承諾，爭取更多民意，累積更多政治籌碼。

　　為了阻止中美兩國貿爭端惡化，早在 2018 年 2、3 月間，中共中央外事工作領導小組辦公室主任楊潔篪、國務院副總理劉鶴曾先後訪美，就雙邊經貿合作和其他重要問題進行磋商。習近平 4 月間在博鰲亞洲論壇會上演講，還特別提出將降低汽車進口關稅和外資股權比例限制，擴大金融服務業對外開放等，回應美國的訴求。

　　此外，在中共「十九屆三中」全會會議期間，以及人大、政協兩會召開前夕，劉鶴以習近平特使身分緊急赴美，意義非比尋常。中美之間到底發生了什麼大事？

美中貿易摩擦情勢升高

　　真相原來是，川普政府在 2017 年 12 月提出的新版國家安全戰略，將中國大陸列為戰略競爭對手，並稱中國大陸對美國「經濟侵略」。

　　此外，公開拒絕承認中國大陸的市場經濟地位，又對中國大陸揮起「301 調查」大棒，並以安全為由否決中資企業在美國的併購投資、對中國大陸的太陽能電池板和洗衣機徵收懲罰性關稅、對進口自中國大陸的鋼鐵和鋁製品展開安全調查，這種種作為顯示川普政府已將中美經貿關係現存的矛盾問題，提升至政策優先議題。北京當局似乎也嗅到其中的異常氣氛。

表 2-5　中美貿易爭端具體措施對比

構面	美國提出的制裁措施	中方的反應與反制措施
201 條款（全球保障措施）	從 2018 年 2 月 7 日起，對進口的大型家用洗衣機實施 120 萬部的關稅配額，為期 3 年，配額內的保障關稅按年分別為 20%、18% 和 16%；而配額外的保障關稅則按年分別為 50%、45% 和 40%，到 2021 年結束。矽晶太陽能電池產品則實施為期 4 年的保障關稅，按年分別為 30%、25%、20% 和 15%，於 2022 年結束。	2018 年 2 月 6 日，中方就這兩項保障措施，向美國提出磋商請求，指出這些措施與 1994 年《關稅暨貿易總協定》第 1、2、10、11、13 和 19 條，以及 WTO《保障措施協定》第 2、3、4、5、7 和 12 條規定的美國義務相違。
232 條款（國家安全調查）	2018 年 3 月 8 日，宣布自 3 月 23 日起，對進口鋼鐵和鋁製品分別徵收 25% 和 10% 的附加關稅。	2018 年 3 月 23 日，宣布對自美進口的 128 個稅項、約 30 億美元產品加徵關稅，主要包括鮮水果、葡萄酒、無縫鋼管、豬肉、廢鋁等，自 4 月 2 日開始執行。
特別 301 條款	2018 年 4 月 3 日，宣布對自中國大陸進口的 1,333 個稅項、約 500 億美元的商品加徵 25% 的關稅。	宣布對原產於美國的大豆、汽車、化工品、飛機等進口值 500 億美元、14 類 106 個稅項商品加徵 25% 進口關稅。
投資審查	改革外國投資委員會，擴大委員會管轄權，加強「國家安全」審查。	
其他	進一步加強貿易執法力度，譬如擴大運用反傾銷／反補貼行動、加強關務執法等。	

資料來源：作者根據相關資料整理。

　　不過，肩負特殊使命的劉鶴，為避免中美爆發貿易戰前往美國進行磋商，卻無功而返；自 2018 年 3 月以來，美中貿易爭端甚至有愈演愈烈的跡象。

　　2018 年 2 月 16 日，美國商務部公布了對美國鋼鐵和鋁製品的國家安全調查報告，也就是所謂的「232 調查」；隨後在 3 月 8 日川普正式簽署兩份總統公告，決定自 3 月 23 日起對進口鋼鐵和鋁分別徵收 25% 和 10% 的附加關稅（表 2-5），由於主要進口來源包括歐盟、澳洲、加拿大、墨西哥、阿根廷、南韓和巴西等國家，先後獲得美國豁免，美國的制裁措施意在中國大陸不言而喻。

　　大陸不甘示弱，隨即在 2 月初，對來自美國的進口高粱分別展開反傾銷和反補貼調查。3 月 23 日進一步提出反制措施，宣布將對自美國進口鮮水果、豬肉、乾果、葡萄酒等七大類，128 種、總值約 30 億美元商品，分別加徵 15%、25% 的關稅，4 月 2 日開始執行。媒體形容這是中美貿易博弈的第一回合。

　　在第二回合，美國於 3 月 23 日表示將在 15 天內公布對大陸 500 億美元等值進口商品加徵 25% 關稅建議清單，最後在 4 月 4 日凌晨正式公布了 1,333 個關稅項目，涉及航空航天、資訊和通訊技術、生物醫藥、工業機器人、新能源汽車和機械等行業。這份清單是自 2017 年 8 月開始，美國針對大陸知識產權、技術轉讓和創新領域的「301 調查」結果，對比之前的鋼鐵和鋁行業，這份清單所針對的產業更加敏感

和舉足輕重。

　　中國大陸在 4 月 4 日下午立即採取反擊行動，針對美國大豆、牛肉、化工品、飛機、汽車等重要進口產品，總價值約 500 億美元，宣布對等的加徵關稅，稅率同為 25%。4 月 6 日，美國川普總統又強硬表示，將根據「301 調查」，進一步把加徵關稅的中國大陸製品再增加 1,000 億美元，中國大陸則回應「奉陪到底」，「不惜一切代價」打貿易戰。兩國針鋒相對，且施展的力度和規模幾乎對等。

美對中正式提出要價清單

　　2018 年 5 月初，美中展開第一輪正式貿易談判，美國財政部長率團赴北京，議題聚焦在中美貿易失衡和中方強迫技術轉移等。不過，在正式談判之前，美國曾向中方提出一份文件，希望中方具體改善雙邊經貿關係的八大要求。[7]

　　這八大要求其實就是美方對中方提出的要價清單，第一是關於平衡雙邊貿易關係的問題，要求中方消除自美國進口商品不合理的關稅和非關稅障礙；解決涉及技術轉讓和知識產權政策及相關作法方面的問題；按照中國大陸在美國的服務提供商適用的政策和條款，同等對待美國在中國大陸的服務提供商；宣布在貿易摩擦中，不針對美國農業和農產品。

　　此外，美方要求中國大陸，從 2018 年 6 月 1 日起的 12

個月內，應努力減少 1,000 億美元對美貿易順差；從 2019 年 6 月開始的 12 個月內，再減少 1,000 億美元的貿易順差，也就是說，到 2020 年底之前，中國大陸對美貿易差額至少要減少 2,000 億美元。

第二是關於保護美國科技和知識產權問題。首先要求中方立即停止對「中國製造 2025」計畫所涉行業的補貼和其他形式的政府支持；其次要求在 2019 年 1 月 1 日前，取消技術轉讓的相關政策和作法；再次是立即採取可檢視的措施，停止一切由政府主導、資助或默許的，針對美國商業網絡進行的網絡間諜行動。

另外，要求中方加強知識產權的保護和執法力度，取消「技術進出口管理條例」和「中外合資經營企業法實施細則」中關於技術轉讓的規定。

第三是關於對敏感技術的投資限制。美方將限制中方在美國投資涉及國家安全的敏感技術領域，中方不得報復。

NOTES

7　八大要求包括：兩年內必須削減順差 2,000 億美元；停止對「中國製造 2025」計畫製造業所有補貼；美國可對「中國製造 2025」目標行業的產品出口美國設限；立即停止對美國商業網絡實施網絡間諜活動；加強知識產權保護；接受美方限制中方在美國投資敏感技術行業；將關稅平均水準降至與美國相同的 3.5%；向美國企業充分開放服務業和農業領域。參閱「不打算妥協 美代表團向中共提八大要求」（2018 年 5 月 5 日），2019 年 7 月 30 日瀏覽，《**大紀元時報**》，http://www.epochtimes.com/b5/18/5/4/n10363084.htm。

第四是關於美國在中國大陸的投資。要求中方必需在2018 年 7 月 1 日以前發布修正版外商投資負面清單；美國將於新版負面清單公布後 90 天內，清查目前已有的、不利於美國投資者獲取公平、有效和非歧視的市場准入待遇之投資限制條款。中方需在收到美方提出這些條款後，依照雙方約定的時程表迅速改善。

　　第五是關於關稅和非關稅障礙。要求中方承諾：（一）2020 年 7 月 1 日前，將所有非關鍵領域的貨品關稅降至不高於美國的水平，也就是 3.5%；（二）去除特定的非關稅障礙，同時，中國大陸知道美國可能對關鍵領域產品實施進口限制和關稅障礙，包括「中國製造 2025」涉及的行業範疇。

　　第六是關於美國服務和服務提供商。要求中方承諾，以特定方式擴大市場開放，以示公平對待美國的服務和服務提供商。

　　第七是關於美國農產品。要求中方承諾，以特定方式擴大市場開放，以示公平對待美國農產品。

　　第八是關於執行。雙方將每季舉行會議討論協議執行情況。中方明白：如果未執行協議裡的承諾，美國將會進一步徵收進口關稅；如果中方違反了有關知識產權的內容，美國海關和邊境檢察官有權沒收假冒偽劣商品，或者徵收更重的關稅，來補償美國技術和知識產權的損失。中方承諾不會因此採取任何報復行動。

　　北京將美方提出的這八大要求細分為 142 項，並歸

納為三大類，第一類是可立即完成的項目，約占總項數的
30%~40%，大多是要求中方購買美國商品的項目；第二類
是視談判進程可逐步完成項目，約占總項數的 30%~40%，
這些項目涉及市場開放政策，可能需要幾年的時間才能落
實；第三類是受限於外在因素無法完成的項目，約占總項
數的 20%~40%，這些項目涉及政府補貼、技術轉讓等結構
性、制度改革因素，中方不同意擺上談判桌。

美中展開正式經貿談判

　　第一輪正式談判結束後，雙方在各自發表的新聞稿中，
都表示進行了一場「坦率的對話」，看來會談的氣氛應該還
不錯。

　　據報導，針對美方提出一份要價清單，由劉鶴率領的中
方代表團，亦對美方提出要價清單，包括要求美國「公平」
審查中資投資美國、停止「301 調查」、要求美國放鬆對高
科技和軍事產品的出口限制等。不過，由於雙方立場差距
大，會後並未共同發表任何文件。[8]

NOTES

8　「2018-2019 年中美貿易爭端」，《**維基百科**》，https://zh.wikipedia.org/
　　wiki/ 2018-2019 年中美貿易战，2019 年 2 月 6 日瀏覽。

　　兩個星期過後，也就是在 2018 年 5 月 17 日，劉鶴率團赴華府與美方代表團進行第二輪正式協商，會後雙方發布《中美貿易磋商聯合聲明》，在大幅減少美中貿易逆差上雙方達成共識；中方還允諾，將增加採購美國農產品和能源，在智慧財產權保護方面，美方提出的一些需求，中方也有明確的回應。

　　此外，「雙方同意鼓勵雙向投資，將努力創造公平競爭營商環境」；美方代表團團員之一的美國財政部長公開證實，雙方已同意停止互相加徵關稅。

　　不過，在 5 月底，美國白宮宣布仍將對 500 億美元中國大陸商品加徵 25% 的關稅，具體的商品清單將在 6 月 15 日公布，並將在此後不久正式實施。此外，還宣布將於 6 月 30 日公布，限制中國大陸對美國投資的措施，以及加強對中國大陸的出口管制辦法。

　　面對美方出爾反爾，中國大陸商務部在白宮宣布新措施後不久發表聲明表示，白宮的聲明顯然有悖於不久前中美雙方在華府達成的共識；無論美方推出什麼政策措施，中方都有信心、有能力捍衛中國大陸人民利益和國家核心利益；期待美方按照聯合聲明精神相向而行。

　　2018 年 5 月 30 日下午，美方經貿磋商工作團隊 50 餘人抵達北京，與中方團隊就如何具體落實中美雙方聯合聲明共識展開磋商。隨後的 6 月 2-3 日，由劉鶴率領的中方代表團與美國商務部長羅斯率領的美方代表團，在北京就兩國經

貿爭端相關議題展開第三輪貿易談判。

　　不過，會後雙方並未發表聯合聲明，中方的公開聲明則軟中帶硬，一方面指稱，雙方就落實兩國在華府的共識，關於農業、能源等多個領域進行了良好溝通，取得了具體的進展；另一方面則強調，如果美方提出包括加徵關稅在內的貿易制裁措施，雙方談判達成的所有經貿成果將不會生效。

第 3 章

美中貿易戰打打停停,高潮迭起

　　川普上臺之後對中國大陸的政策咄咄進逼，繼去（2018）年 4 月 4 日公布「301 調查」結果和貿易制裁建議方案，6 月 15 日正式公布加徵關稅的中國大陸商品清單，共計 1,102 項，貿易值約 500 億美元。

　　美方公開指出，這份新清單主要針對中國大陸「工業重要技術」商品，尤其包括「中國製造 2025」計畫所涉行業的有關產品。川普政府認為，大陸官方藉「中國製造 2025」計畫，對某些特定的新興產業提供特殊的政策支持，造成市場上不公平競爭，必須遏止。同時，美方試圖透過加徵關稅，防止美國企業的技術和知識產權，進一步以不公平形式轉讓給中方企業。

美中貿易戰正式開打

　　美國對中國大陸的貿易戰爭正式開打。第一波制裁清單包括 818 項、約 340 億美元商品，將自 7 月 6 日開始生效實施；大部分歸類在 HS 制度的 HS 84（鍋爐、機器及機械用具；及其零件）、HS 85（電機與設備及其零件、附件等）、HS 87（鐵路及電車道車輛以外的車輛及其零件與附件）、HS 88（航空器、太空船及其零件）和 HS 90（光學等精密儀器及其零附件），涵蓋的商品項目基本上都已出現在此前公布的清單中。

　　涉及的細分類商品，主要包括泵浦及渦輪機、引擎和馬達；建築、鑽井和農業機械；礦物、玻璃、橡膠或塑料加工機械；鐵路機車和鐵路車輛；汽車和摩托車；直升機和飛機；以及測試、計量和診斷儀器和設備等。

　　第二份清單包括 279 個項目，2017 年進口值合計約 160 億美元，於 2018 年 8 月 7 日公布，8 月 23 日正式實施。其中有一部分產品歸類在 HS 第 84、85、87 和 90 章，例如半導體晶片、電子產品、製造乳製品的設備，以及光纖等，美國稱這些產品受益於「中國製造 2025」等產業政策；另一些則包含在 HS 27（礦物燃料、礦油及其製品）、HS 34（肥皂、有機介面活性劑、洗滌劑、潤滑劑等蒸餾製品）、HS 38（雜項化學製品）、HS 39（塑膠及其製品）、HS 70（玻璃及玻璃器）、HS 73（鋼鐵製品）、HS 76（鋁及其製品）、HS 86（鐵路或電車道機車、車輛及零件）和 HS 89（船舶及浮動構造體）等。

　　受影響的商品有塑料和塑料製品，工業機械，石材、陶瓷、混凝土、木材，硬橡膠或塑料和玻璃加工機械，貨櫃、拖拉機，以及光纖等。自 8 月 23 日開始生效實施。

　　按照 HS 六位編碼商品 22 大類製造業整理後，可以發現第一波和第二波制裁商品清單，主要集中在機電設備及零附件，光學、醫療設備，車船、航空器等交通運輸設備等八大行業，其中，機電設備及零附件占最大宗（表 3-1），而且主要集中在中間財和資本財，比重分別高達 52.3% 和 43%，

其他商品及消費性商品則僅分別僅占 3.58% 和 1.1%，[1] 可見
川普政府為降低對消費者造成直接影響的策略考量。

　　對於美國正式公布對中國大陸實施貿易制裁清單，大陸

表 3-1　美對中加徵進口關稅 500 億美元商品的商品類分布
　　　　（2017 年）

商品類別	進口金額		項目數	
	億美元	份額（%）	HS 八位碼	份額（%）
機電設備及零附件	353	75.68	670	61.87
光學、醫療等設備	50.6	10.85	145	13.24
車船航空器及設備	32.3	6.92	113	10.32
塑料、橡膠及製品	21.7	4.65	149	13.61
卑金屬及製品	8.48	1.82	8	0.73
陶瓷、玻璃及製品	0.194	0.04	1	-
化學工業產品	0.149	0.03	6	0.55
礦產品	0.007	0.00	3	0.27
合計	466.43	100.00	1095	100.00

說　　明：列在制裁產品清單中部分商品，2017 年美國從中國進口金額為 0。
資料來源：根據相關資料整理。參閱「數據透視中美貿易摩擦：最新清單的分
　　　　　析」，2018 年 7 月 18 日，《新華網》。

官方頗感失望，嚴厲批判美國此舉為「冷戰思維」和「零和博弈」的過時理念，並堅決表示，對於貿易戰，「中國不求戰，但也不避戰」，「中國有信心、有能力應對任何挑戰」。

反制的作為，除了循 WTO 爭端解決機制，訴請 WTO 公平處理外，更是幾乎與美國同步發布以同樣的方式，對美國提出加徵進口關稅的商品清單，分兩個階段反制。

首批清單涵蓋的產品包括 545 個項目，合計約 340 億美元，主要為大豆、高粱等農產品、水產品、肉品、乳製品等民生用品，還包括汽車及零件、醫療產品、煤炭、石油等，從 7 月 6 日起加徵 25% 進口關稅。第二批產品包含 333 個項目，合計約 160 億美元，主要為化學和能源產品、塑料及其製品、某些橡膠和某些醫療設備等，具體實施時間對應美國的 8 月 23 日。

為反擊中國大陸對美國製品的 500 億美元進口關稅報復，川普政府於美東時間 7 月 10 日宣布，針對自大陸進口商品，6,031 項、價值約 2,000 億美元商品課徵額外關稅 10%。8 月 1 日，川普指示美國貿易代表萊特希澤（Robert Lighthizer）對自中國大陸進口的 2,000 億美元商品，研擬加

NOTES

1　「數據透視中美貿易摩擦：最新清單的分析」（2018 年 7 月 18 日），2019 年 6 月 16 日瀏覽，《**新華網**》，http://www.xinhuanet.com/fortune/2018-07/18/c_1123146024.htm。

徵關稅由 10% 提高為 25%。

美中貿易戰況持續升溫

美中貿易衝突有愈演愈烈趨勢。2018 年 8 月 22-23 日，中國大陸商務部副部長應美方邀請率團訪問華府，與美方財政部副部長率領的美方代表團，就雙方關注的經貿議題進行交流，也為未來進一步接觸預做一些安排。會後，白宮發布聲明稿稱，美中就如何在雙邊經濟關係中實現公平、均衡和對等交換了意見，但沒有提及進一步會談時程。顯然，這一次會談，並未突破中美雙方關於貿易問題的僵局。

美方公布的新一輪關稅制裁清單 2,000 億美元，最後確定共計 5,745 項，決定加徵關稅的稅率，在實施初期課 10%，從 2019 年 1 月 1 日起將提高到 25%。[2]

從 HS 六位編碼 22 大商品類分布來看，這 2,000 億美元制裁清單涉及的商品類領域大幅增加，其中，機電設備及零附件仍然占最大宗，以進口金額計算之占比高達 44,13%；其次是雜項製品，比如遊戲用品、傢俱、燈具及照明裝置等，

NOTES

2　川普同時警告稱，若中國大陸對美國農民或其它行業採取報復行動，美方將立即再對價值約 3,250 億美元的大陸輸美商品課徵額外關稅。

表 3-2　美對中加徵進口關稅 2000 億美元商品的主要商品類分布（2017 年）

商品類別	進口金額		項目數	
	億美元	份額（%）	HS 八位碼	份額（%）
機電設備及零附件	870	44.13	412	7.05
雜項製品	292	14.81	101	1.73
卑金屬及製品	160	8.12	538	9.21
車船航空器及設備	118	5.99	135	2.31
化學工業產品	99.3	5.03	1,352	23.14
塑料、橡膠及製品	97.8	4.96	180	3.08
皮、毛及製品	74.5	3.78	183	3.13
陶瓷、玻璃及製品	49.6	2.52	222	3.80
紡織原料及製品	37.3	1.89	912	15.61
草木及製品	34.7	1.76	244	4.18
紙及紙製品	32.7	1.66	240	4.26
食品飲料菸酒	26.4	1.34	312	5.34
動物產品	24.3	1.23	240	5.03
鞋帽及羽毛製品	15.5	0.79	31	0.53
光學、醫療等設備	14.2	0.72	90	1.54
礦產品	11.2	0.57	179	3.06
植物產品	9.54	0.48	346	5.92
藝術品及古物	2.8	0.14	7	0.12

說　　明：⑴ 本表列出的商業類別包含 2017 年貿易額超過 3 億美元的商品。
　　　　　⑵ 份額是指占制裁商品總額的百分比而言。
資料來源：根據「數據透視中美貿易摩擦：最新清單的分析」相關資料整理。

約占 14.8%；項目數額超過 5% 的行業還有卑金屬及製品，車船、航空器及其他運輸設備，化學工業產品等。（表 3-2）

　　清單中的 5,745 項 HS 八位碼貨品，主要包括手提箱、公事包、旅行袋（HS 4202）、皮革製品（HS 4203）、塑膠製品（HS 39）、輪胎（HS 4011）、紡織品（HS 50~HS 60；HS 61 和 HS 62 的服裝、HS 64 鞋類除外）、帽子（HS 65）、傢俱（HS 9403）、燈具（HS 9405）、某些印刷電路組件（HTSUS 8473.30.11）、用於接收、轉換及傳送或恢復聲音、圖像或其他數據的機器（包括開關及路由器，HTSUS 8517.62.00）。[3]

　　根據美國國際貿易委員會統計數據，2,000 億美元關稅清單商品，2018 年自中國大陸進口金額最大的是電子通訊設備，191 億美元，約占該次制裁規模近一成；第二大項是電腦電路板，125 億美元，約占 6.25%；其他主要商品，依進口金額大小排序分別為處理元件、座椅除外金屬傢俱、電腦零件、木製傢俱、靜態變頻器、塑膠地板、木框座椅、汽車零件等（表 3-3）。

　　對應美國的第三波制裁商品清單 2,000 億美元，中國大

NOTES

3　HTS 是 harmonized tariff schedule 的縮寫，HTS 是在 HS 的基礎上建立的，是世界海關組織在 1989 年 1 月間制定的一個概括性之物品海關編碼。HTS 商品編碼位數為 4 位或 6 位，各國在這個編碼的基礎上制定較細的編碼。參閱香港貿易發展局，「美國貿易措施」，《**香港商貿**》，https://hkmb.hktdc.com/tc/ustrade。

表 3-3　關稅制裁清單 10 項主要商品（2018 年）

排序	2000 億美元清單			3000 億美元清單		
	商品名稱	億美元	比重（%）	商品名稱	億美元	比重（%）
1	電子通訊設備	191	9.55	手機	448	14.93
2	電腦電路板	125	6.25	筆記型電腦	387	12.90
3	處理元件	56	2.80	玩具、拼圖和模型	119	3.97
4	座椅除外金屬傢俱	41	2.05	電玩主機	54	1,80
5	電腦零件	31	1.55	映像管銀幕和液晶銀幕除外的電腦顯示器	46	1.53
6	木製傢俱	29	1.45	13.5 吋以下平面電視、錄放影機或其他播放器	45	1.50
7	靜態變頻器	27	1.35	隨身碟和硬碟等資料儲存設備	40	1.33
8	塑膠地板	25	1.25	電話機零件	25	0.83
9	木框座椅	25	1.25	塑膠製品	24	0.80
10	汽車零件	23	1.15	多功能印表機	23	0.77
	小計	573	28.65	小計	1,211	40.37

資料來源：美國國際貿易委員會統計。間接引用相關資料計算。參閱「川普如期上調關稅：2000 億和可能加碼 3250 億美元中國商品有哪些？」（2019 年 5 月 10 日），2019 年 6 月 6 日瀏覽，*The News Lens*，https://www.thenewslens.com/article/118680。

陸為了維護自身權益，在 8 月 3 日對美國提出反制措施，宣布對原產於美國的 5,207 項、約 600 億美元商品，加徵 5% 到 25% 的關稅；嗣於 9 月 24 日開始執行時，稅率改為 5% 或 10%，前者涵蓋 1,636 項商品，後者包含 3,571 項商品。涵蓋的商品主要包括中小型飛機、電子產品、紡織品、化學品、炊具和紙類、肉品、小麥、葡萄酒、液化天然氣等。

　　大陸官方在提出關稅反制措施的同時，另向 WTO 追加申訴美國「301 調查」對中國大陸 2,000 億美元商品加徵關稅的措施。並且同時強調，若美國繼續提高加徵關稅稅率，中方將給予相應的回應。

　　美中貿易爭端不斷升級，對全球經濟造成的衝擊逐漸顯現，國際預測機構將「美中貿易戰」形容為「黑天鵝」，咸認將拖累 2019 年全球經濟成長。對中美兩國經濟造成的影響自不在話下，雙方承受的壓力也愈來愈大。

　　對美國而言，不只面臨美股下挫衝擊市場信心，其實各項經濟指標及企業獲利情況已出現降溫現象，黃豆和玉米等農產品滯銷問題惡化，影響農民收入。對大陸而言，自貿易戰爆發後經濟成長動能明顯減弱；出口導向型企業及所屬地區之經濟面臨沉重壓力，外資撤離的案件愈來愈多；在關鍵技術領域，中國大陸對美國依賴度高，需要穩定的中美關係支持經濟發展。

　　或有鑑於此，2018 年 12 月初，在阿根廷召開的二十國集團（G20）峰會，美中兩國元首舉行高峰會談並達成共

識，為兩國僵持多月的貿易爭端達成 90 天停火的協議；雙方都做了某種程度的讓步。

川普讓步的是，同意原定自 2019 年 1 月 1 日起對進口自中國大陸等值 2,000 億美元貨品，加徵關稅稅率由 10% 調升至 25% 的計畫暫緩實施。

川習高峰會共商暫歇貿易戰

美方要求大陸做出讓步的承諾，主要包括同意立即擴大自美國採購農產品、能源、工業和其他產品，以縮小對美貿易順差；另同意將鴉片類止痛劑芬太尼（fentanyl）列為管制藥品，嚴懲違法輸出美國；重新考慮早前大陸政府不批准高通（Qualcomm）併購恩智浦（NXP）的交易方案；更重要的是，要求中國大陸再就強制性技術轉讓、知識產權保護、非關稅壁壘、網絡駭客入侵及竊密、服務和農業等領域的結構性改革展開談判，並在 90 天內完成。

2019 年伊始，中美雙方代表團在北京舉行第五輪貿易談判，但在結構性改革的核心問題上，雙方仍存在分歧。美國貿易代表署在會後發布的書面聲明中，完全未提到雙方達成哪些共識。

以技術轉讓為例，美方主要的抱怨，是大陸官方強迫美國企業將敏感技術轉移給合資的中方，以換取市場准入，並

鼓勵竊取智財權及侵犯專利權,包括通過網絡間諜活動。美方要求中國大陸修改相關的法規,進行必要的制度改革,包括加重對侵權行為的處罰力度,以及建立機制以確保中方履行承諾。中方則堅稱,外資企業轉移技術給中方合資夥伴,是投資者自願的行為,政府從未施予強制;對於網路間諜的指控更是全盤否認。

關於中國大陸的非關稅壁壘問題,也就是「潛規則」問題,雙方的歧見更深。許多美國企業抱怨大陸官方的發證制度,外企必須與中方合資才有機會取得。此外,美方希望中國大陸的政府採購市場向外國競爭者開放,以及反壟斷行動不應獨厚本土企業;美商也不滿中國大陸基於國安考量的「數據儲存在地化」規定,認為這將傷害跨國間的數據流動和數據運算效率。中國大陸的立場非常鮮明,表示不會在攸關國安的領域開放市場或做出其他讓步,如雲端運算[4];也不會放鬆嚴格的互聯網審查制度,不會讓 Facebook 和 Twitter 等平台進入中國大陸。

根據報導,對於中國大陸承諾的貿易改革,美國要求針對改革之進展進行定期評估,以此作為貿易協議的一個條件,如果中國大陸違反了該項協議,美國將再訴諸關稅行動。也就是說,美國試圖以關稅威脅,確保中國大陸承諾的改革按計畫進行。不過,大陸談判代表並不接受美方所提定期追蹤檢視協議遵守情況的意見。

1月底,劉鶴率團赴美國華府與美方進行第六輪經貿磋

商，從會後雙方發布的相關訊息，可以發現這一輪的談判似乎有所進展。[5] 一是川普願意在月內再與習近平會面，顯示美方願意繼續談，並談妥協議。二是川普公開表示，願意在截止日期前接受一份有限的協議，並延長談判的時間；三是關於談判期限，白宮聲明措辭不若過去強硬，中方亦釋出讓步訊號，坊間推測貿易戰應不至於朝更壞方向發展。

密集經貿談判取得階段性成果

這一輪經貿的具體成果，主要包括：（一）中方同意向美國大採購；（二）中方在開放市場和保護知識產權方面做出新的承諾；（三）雙方同意建立執行協議的監督機制；（四）中方同意擴大談判範圍（例如，願意把政府補貼國有企業的問題擺上談判桌）等。[6]

美國主談代表萊特希澤曾公開表示，第六輪經貿磋商

NOTES

4　「經濟解析／美中貿易談判的攻擊點與防禦線」（2019 年 1 月 25 日），2019 年 2 月 6 日瀏覽，《**聯合新聞網**》，https://udn.com/news/story/6811/3613928。

5　「3 個細節透出今輪中美談判有成果」（2019 年 2 月 1 日），2019 年 2 月 6 日瀏覽，《**香港經貿研究**》，https://china.hket.com/article/2265362/。

6　許波，「時事大家談：特習謀求再次會面，貿易戰會畫上句號嗎？」

「取得了很大的進展」，鷹派大將有此評論殊屬難得。然而，就現實面觀察，一般認為經過六回合的正式談判後，至少還有三個問題尚待解決，一是監督機制如何落實，二是國企補貼問題如何處理，還沒有具體方案，三是中國大陸過高的關稅和非關稅壁壘問題不容易在短期內改善。

面對美國的打壓，大陸官方的態度其實已經悄悄地做了一些調整。在中美貿易戰全面開打之前，大陸官方一直很高調地宣揚經濟進步與發展成就，從公布「中國製造2025」，追求成為製造強國，到拍攝影片《厲害了，我的國》，在在顯示中國大陸的自信和野心。

不過，在美國點燃貿易戰火之後，大陸官方的高調姿態似乎有了很大的改變。譬如，關於「中國製造2025」計畫，已從官方話語中逐漸消聲，不再大肆宣揚追求「製造強國」，特別是淡化了國家主導角色，顯然是為了降低美國的疑慮。

G20川習高峰會後，中國大陸對美國放送善意的行動似更趨積極。譬如，在去（2018）年12月間，宣布恢復購買美國大豆和天然氣，擴大採購美國產品；另宣布對原產於美國的汽車及零配件課徵25%的報復性關稅暫停三個月。

其次，2018年12月25日正式公布新的市場准入「負面清單」，較先前減少177個項目，[7] 並且由試點改為全面實施，大幅鬆綁市場准入；2021年取消金融領域所有外資持股比例限制，惟中國大陸證監會已於2019年10月11日表

示，外資持股比例限制將提前一年放寬。

第三，中國大陸最高人民法院正式掛牌成立「知識產權法庭」，自 2019 年 1 月 1 日起受理有關智慧財產權的訴訟案件，加強智財權司法保護。

第四，為回應美國要求，並對外來投資者提供較好的保護，對外商給予平等的待遇，著手修訂外商投資法，並已在 2019 年 3 月中旬通過立法正式實施；嚴格禁止地方政府要求外商轉移自有技術給中方合資伙伴的行為。

第五，擴大談判範圍，針對美方提出的要價清單，大陸原本只願意接受其中 30~40% 可立即實現的項目展開談判，G20 川習高峰會後已有部分中方不再堅持，願意將稍早不願意擺上談判桌的項目提上議程。

G20 川習會達成共識，雙方代表隨即密集安排雙邊經貿談判，暫時避免了貿易戰進一步惡化，對中美兩國和世界經濟政治都是好事。然而，由於雙方承諾不給對方加徵新的關

NOTES

（2019 年 2 月 5 日），2019 年 2 月 15 日瀏覽，《美國之音》，https://www.voachinese.com/a/voaweishi-2019204-voaio-us-china/4771660.html；「白宮經濟顧問稱美中貿易談判具體進展仍有待觀察」（2019 年 2 月日 5），2019 年 2 月 15 日瀏覽，《美國之音》，https://www.voachinese.com/a/White-House-Adviser-On-US-China-Trade-Talks-20190204/4771684.html。

7　「分析：緩解美中貿易戰 三大分歧為何難彌合」（2019 年 1 月 11日），2019 年 2 月 6 日瀏覽，《大紀元》，http://www.epochtimes.com/b5/19/1/10/n10966845.htm。

稅，只是暫停而非終止，還需要進行談判才能落定，因此，
各界對於美中貿易戰能否在短期內落幕，仍不敢過於樂觀。
美方官員甚至還語帶威脅地說，如果接下來雙方團隊具體技
術性談判結果不能達成共識，美方仍將啟動加徵新的關稅。

貿易摩擦升級科技主導權競爭白熱化

　　由於美中兩國貿易爭端的本質，不只在經貿層面、貿易
失衡問題之改善，更複雜的是科技主導權之爭奪，甚至是地
緣政治的角力，貿易只是中美之間不斷加劇緊張關係中的一
個因素而已，因此，美中貿易爭端未來之可能發展，其實還
有諸多不確定性。

　　在暫緩加徵新關稅的 90 天緩衝期屆滿之前，中美雙方
貿易代表團又先後在 2 月 14-15 日（北京）、2 月 21-22 日（華
府）、3 月 3-5 日（北京）安排了三輪的正式談判，後面兩
次主要是就貿易協議有關文本進行磋商，雙方展現如期完成
協商，甚至簽署協議的態度。

　　不過，一如外界所預料，雙方的貿易談判並未如期完
成，還好彼此也沒有撕破臉，美國貿易代表署在 3 月 2 日公
開表示，對 2018 年 9 月宣布的加徵關稅商品清單，繼續保
持 10% 稅率，暫不提高，直到另行通知。

　　隨後中美雙方陸續安排 4 月 3-5 日在華府、4 月 30 日至

5 月 1 日在北京舉行兩輪的經貿磋商，結果雙方並未更接近達成共識，反而公開相互指責出爾反爾。

據 5 月 3 日媒體報導，美方抱怨北京提出的貿易協議草案內容，推翻了過去 10 個月來雙方談判的成果，原來承諾將透過修法以解決美國主要關切問題的文字全部遭刪除。

中方則指責，談判將達成協議時，美方不斷提出新的要求，譬如要求開放網際網路，要求中方向美國採購金額每年再增加 1,000 億美元；要求建立一個監測機制監督中方執行協議的進度，如果美方不滿意，美國可以隨時對中國大陸產品加徵關稅；一些相關的法律也需要根據美方的要求修改。中方認為，美方的這些要求已超越常規，甚至已危害中國大陸的主權。雙方的分歧顯然仍未彌合。

5 月 6 日凌晨，川普透過推特宣布將 2,000 億美元的中國大陸商品附加關稅從 10% 上調到 25%，並於 5 月 11 日生效；不過，美國海關隨後補充說明，5 月 10 日最後期限已經離開中國大陸港口的大陸貨物仍按 10% 稅率徵收。[8]

5 月 9-10 日，中美雙方在華府舉行第十一輪經貿磋商，儘管會後中方主談代表劉鶴對媒體公開表示，「雙方進行了

NOTES

8　美國貿易代表署隨後又發出正式通知，受影響貨物若於 6 月 15 日（原為 6 月 1 日）前進入美國，即不受上述關稅加幅的影響，也就是說，在此過渡期內，該些貨品只需繳納 10% 附加關稅。

比較好的溝通與合作，談判並沒有破裂；中方對磋商未來審慎樂觀」，[9]但也強調，雙方的協議必須是平等、互利的，在重大原則問題上中方決不讓步。

顯然，中方關切的三個核心問題，仍有待美方進一步確認，一是雙方貿易爭端的起點為關稅，如果要達成協議，則加徵的關稅必須全部取消。二是關於貿易採購數字，要符合實際，雙方在阿根廷已討論過且形成共識，不應隨意變更。三是協議文本必須平衡，避免傷害每一個國家自己的尊嚴。

美中貿易談判不進則退

針對川普政府宣布對約 2,000 億美元自中國大陸進口商品加徵關稅，稅率將由 10% 提高到 25%，中國大陸乃於 5 月 13 日晚間提出反擊，宣布自 6 月 1 日 0 時起將對已加徵進口關稅 5% 到 10% 不等約 600 億美元的美國商品，稅率調整為 5%~25%。

根據中方公布的清單顯示，附加關稅為 25% 的貨品有 2,493 項，包括肉類、飲品、化妝品，以及工業用化學品等；另有 1,078 項產品加徵 20%，包括食用油、調味品、稀土金屬、個人護理品及禦寒衣物等；974 項產品加徵 10%，包括動物、蔬菜、馬鈴薯，以及烘焙花生等；其餘 595 項產品仍維持加徵 5% 的關稅。

　　為了報復中方反制美國的制裁行動，美國貿易代表署進一步宣布，將對約 3,000 億美元中國大陸輸美商品加徵關稅，包括 3,805 項產品，最高將徵收 25% 的附加關稅。將於對外徵求意見後再正式公布實施日期。

　　這一份清單基本上涵蓋所有尚未按「301 條款」加徵關稅的貨品，其中包括所有服裝、鞋靴、家居紡織品、玩具及遊戲產品，以及 HS 84 和 HS 85 的許多機械及電氣和電子產品，例如智慧手機、筆記型電腦、平板電腦、智能手表等，但不包括藥物、特定醫療產品、稀土材料和關鍵礦物等產品。

　　中美貿易戰自 2018 年 7 月 6 日正式開打以來，迄 2019 年 4 月中經過 10 輪正式談判，雙方貿易談判代表團輪流在北京、華府兩地密集進行磋商，外界以為中美貿易戰即將告一段落。不過，在 5 月初，雙邊互動的氛圍卻令人意外的急轉直下，雙方相互指責對方出爾反爾，違反誠信。

　　今年 8 月上旬，川普政府再度加碼，除了宣布將中國大陸列為匯率操縱國，另對額外 3,000 億美元的中國大陸商品加徵 10% 進口關稅，分兩批實施，正式生效日期分別為 9 月 1 日、12 月 15 日。

　　該項 3,000 億美元制裁計畫曾於 8 月 14 日提出修正，

NOTES

9　參閱「新華視點」（2019 年 5 月 11 日），2019 年 7 月 15 日瀏覽，《**新華社**》，https://tw.weibo.com/xinhuashidian/4370840210121720。

原計畫加徵進口關稅商品中的 60%，生效實施日期延至 12 月 15 日；其餘的 40% 貨品，則按原計畫於 9 月 1 日開始課徵 10% 附加關稅。[10] 令人訝異的是，新措施才宣布沒過幾天，川普再度加碼，宣布對所有自中國大陸進口商品，在原已定案附加關稅的基礎上，再加課 5% 的關稅。換句話說，附加關稅最高已達到 30%。

這些行動相對於今年 6 月間在日本大阪 G20 峰會上美中兩國元首達成的口頭共識，顯得相當諷刺，尤其更凸顯了兩國長期在戰略上對抗的本質，難以在短期內得到根本的扭轉。

該 3,000 億美元制裁商品，按照海關 HS 六位編碼將產品分為 22 大行業觀察，主要集中在機電設備及零附件，以進口金額計算之占比高達 51.76%%；其次依序是紡織原料及製品，約占 13.64%；雜項製品，占 12.13%；鞋帽及羽毛製品，占 6.34%，其他行業所占份額較小（表 3-4）。

這一份 3,000 億美元關稅清單中的商品，按進口金額排名前 10 大，以 2018 年資料為例，依序為：智慧型手機，448 億美元，約占本次制裁規模的 14.93%；第二大項是筆記型電腦，387 億美元，約占 12.9%；第三大項是玩具、拼圖

NOTES

10　8 月 17 日進一步宣布，對部分傢俱、嬰兒用品、宗教書籍等 44 種中國商品免除加徵 10% 進口關稅，涉及金額約 78 億美元。

表 3-4　美對中加徵進口關稅 3000 億美元商品的主要商品類分布（2017 年）

行業別	進口金額		項目數	
	億美元	份額（%）	HS 八位碼	份額（%）
機電設備及零附件	1,340	51.76	292	8.81
紡織原料及製品	353	13.64	731	22.06
雜項製品	314	12.13	194	5.86
鞋帽及羽毛製品	164	6.34	166	5.01
塑料、橡膠及製品	78.7	3.04	47	1.42
光學、醫療等設備	67.7	2.61	265	8.00
卑金屬及製品	58.4	2.26	107	3.23
化學工業產品	51.5	1.99	342	10.32
寶石貴金屬及製品	27.9	1.08	57	1.72
陶瓷、玻璃及製品	22.1	0.85	89	2.69
紙及紙製品	21.8	0.84	31	0.94
車船航空器及設備	8.55	0.33	18	0.54
草木及製品	8.05	0.31	26	0.78
植物產品	5.72	0.22	201	6.07
食品飲料菸酒	3.35	0.13	345	10.41

說　　明：⑴ 本表列出的行業包含 2017 年貿易額超過 3 億美元的行業。
　　　　　⑵ 份額是指占制裁商品總額的百分比而言。
資料來源：根據「數據透視中美貿易摩擦：最新清單的分析」相關資料整理。

和模型，119 億美元，約占 3.97%。進口金額最大的前 10 項
商品還包括電玩主機，映像管螢幕和液晶螢幕除外的電腦顯
示器，13.5 吋以下平面電視、錄放影機或其他播放器，隨身
碟和硬碟等資料儲存設備，電話機零件，塑膠製品，多功能
印表機等（表 3-3）。

川普再度加碼，極限施壓中國大陸

　　川普對中國大陸的貿易制裁不斷加碼，迄今幾乎已涵
蓋了全部中國大陸對美國之出口貨品。[11] 今年 8 月下旬，美
國又宣布對價值 3,000 億美元中國大陸商品的附加關稅提高
到 15%，同時對稍早的 2,500 億美元制裁商品，加徵關稅的
稅率提高到 30%，自 9 月 1 日開始生效實施。幾乎在同一時
間，中國大陸隨即提出反制，宣布對價值 750 億美元美國商
品加徵 5%、10% 的進口關稅。

　　一年多來歷經多回合的貿易談判，不但沒有達成共識，
兩國經貿爭端反而更加惡化，究竟問題出在哪裡呢？根據有
限的訊息研判，關鍵在於雙方貿易談判存在三大分歧。

　　中方認為，取消附加關稅是達成協議的必要條件，農產
品的採購數額不應隨意更改，還有協議文本必須具平衡性。
川普推文中強調以加稅來促使中方儘快增加採購美國農產
品，達成貿易協議，基本上已採到了中方兩條紅線。尤其美

國的要價不只為了改善雙邊貿易失衡，要求中方限期改善的「結構性」問題，涉及法規修訂、政策調整，還有關於協議執行的監督機制等，由於中方認為美國的要價有侵犯國家主權之虞，無法接受。

　　由於中國大陸自美國進口規模，遠少於對美國出口，因此，大陸無法向同等價值的美國商品施加對等的進口關稅，反制的措施只能選擇非關稅手段，懲罰美資企業或美資企業高管，譬如擴大不可靠實體清單，增加海關檢查，減少或取消予美國企業的訂單，騷擾美資企業派駐中國大陸人員等。

　　其實在過去一段時間中，配合美方的要求中方曾做了不少的努力，譬如放寬外資市場准入，負面清單逐漸減少；降低關稅、擴大進口，尤其擴大採購美國商品；頒布實施《外商投資法》，正面回應美方關於強迫技術轉讓的指控，提供外商更大的保障等等。但中方的這些努力似乎還沒能夠令美方滿意，因為美國認為，在回歸市場經濟，落實公平競爭，政府支持高科技產業發展作為的調整等方面，中國大陸必須拿出更積極、具體的行動。

　　川普在中美貿易戰中的訴求，表面上的原因是雙邊貿易

NOTES

11　仍然有藥品、原料藥、部分醫療用品、稀土和關鍵礦產品排除在外。參閱「對中國 3000 億美元商品加徵 10% 新關稅，貿易戰恐再度升級」（2019 年 8 月 2 日），2019 年 8 月 12 日瀏覽，**EET**，https://www.eet-china.com/news/201908021049.html。

失衡，試圖藉加徵關稅迫使中國進一步對美開放市場，其實更深層次的目的在於遏制中國大陸高科技產業發展，爭奪高科技行業的主導權。

就貿易失衡而言，有部分原因是在於中國大陸開放程度不夠、某些產品進口關稅較高、政府補貼某些國有企業以保護幼稚產業等，但是還有其他更深層次的原因，譬如中美兩國經濟結構不同、全球價值鏈分工格局、美元的國際儲備貨幣地位、美國低儲蓄過度消費模式、美國企業在大陸投資製造產品回銷美國等，這些都是根本性的因素，難以透過貿易制裁方式在短期之內解決。[12]

其實，美國根據「301 條款」對中國大陸發動貿易戰爭，最終目的是要逼使在大陸投資的跨國企業撤出大陸，一方面挫低外商直接投資大陸的規模，一方面阻斷大陸透過跨國企業投資取得高新科技，從而達到遏制大陸高科技產業發展和經濟成長速度。

過去一年，美國曾先後對中國大陸的高科技廠商中興和華為祭出禁售和禁購措施，理由是該等公司之業務有危害美國國家安全之虞，華為及其 70 家子公司已被美國列入出口管制實體名單內。5 月下旬，美國又以「違反不擴散制裁法案向伊朗、北韓和敘利亞輸送美國管制清單上的物品、技術或服務，將 13 個中方實體和個人實施制裁，顯示中美兩國的貿易戰，已演變成科技戰。

優先列入制裁的商品是美對中依賴度較低的

值得注意的是，美國對中國大陸商品加徵關稅的清單有個特徵，那就是首波制裁清單商品大都是對大陸依賴程度較低的商品。[13]

以進口依賴度大於 50% 的商品來看，此類商品進口額在 500 億、2,000 億、3,000 億美元清單中的占比分別為 3.7%、47.3% 和 76.1%，之所以特別做這樣的安排，是因為對大陸依賴程度較低，轉移自其他地區採購進口的空間較大，延緩附加關稅對經濟造成直接衝擊的意圖至為明顯。

按商品類別觀察中國商品在美國同一商品類進口總值的占比，可以更清楚地瞭解對美國經濟的衝擊面（表 3-5）。

首二波制裁的 500 億美元商品清單中，卑金屬及製品的占比最高，達 28,2%，其他行業的占比都低於 20%。

相較之下，對 2,000 億美元制裁清單來說，各類商品自

NOTES

12　任澤平、羅志恆、華炎雪、賀晨，「中美貿易戰暫時緩和：本質、應對和未來沙盤推演」（2018 年 12 月 3 日），2019 年 1 月 26 日瀏覽，《**恆大研究院**》，https://www.gelonghui.com/p/222667 。

13　對大陸依賴度，是以美國自中國大陸進口值占同類商品進口總值的百分比表示。參閱任澤平、羅志恒、華炎雪、賀晨，「客觀評估中美貿易摩擦對雙方的影響」（2019 年 7 月 18 日），2019 年 9 月 6 日，《**搜狐網**》，http://www.sohu.com/a/327802257_467568 。

表 3-5　美對中關稅制裁商品在美國同類商品進口總額之占比（2017 年主要商品類）

商品類別	500 億清單		2000 億清單		3000 億清單	
	億美元	占比（%）	億美元	占比（%）	億美元	占比（%）
機電設備及零附件	353	16.0	870	39.7	1,340	73.3
紡織原料及製品	0	0	37.3	30.5	353	43.2
雜項製品	0	0	292	65.6	314	67.9
鞋帽及羽毛製品	0	0	15.5	73.8	164	72.6
塑料、橡膠及製品	21.7	10.3	97.8	28.1	78.7	57.3
光學、醫療等設備	50.6	12.9	14.2	30.3	67.7	20.1
卑金屬及製品	8.48	28.2	160	26.9	58.4	57.4
化學工業產品	0.149	2.1	99.3	16.8	51.5	4.8
寶石貴金屬及製品	0	0	1.28	0.6	27.9	8.4
陶瓷、玻璃及製品	0.194	17.2	49.6	31.0	22.1	63.0
紙及紙製品	0	0	32.7	18.6	21.8	55.3
車船航空器及設備	32.3	1.4	118	17.1	8.55	27.6
草木及製品	0	0	34.7	18.1	8.05	75.0
植物產品	0	0	9.54	4.9	5.72	2.7
食品飲料菸酒	0	0	26.4	7.9	3.35	1.6
動物產品	0	0	24.3	13.8	0.351	0.3
皮、毛及製品	0	0	74.5	60.4	0.001	0.1

說　　明：列在制裁產品清單中部分商品，2017 年美國從中國進口金額為 0。

資料來源：根據「數據透視中美貿易摩擦：最新清單的分析」相關資料整理。

中國大陸進口值占同一行業美國進口總值的比重普遍較高，
其中，鞋帽及羽毛製品的占比高達 73.8%，雜項製品，皮、
毛及製品等二個行業的占比都超過 60%，顯示中國大陸是美
國的主要進口來源國。還有機電設備及零附件，陶瓷、玻璃
及製品，紡織原料及製品，光學、醫療等設備，塑料、橡膠
及製品，卑金屬及製品等行業，中國大陸商品在美國進口中
所占比重都超過 25%。

　　在 3,000 億美元制裁的商品清單中，美國對中國大陸
進口的依賴度，草木製品及雜項製品行業占比最高，達到
75%；其次，機電設備及其零件、鞋帽及羽毛製品都超過七
成；雜項製品，陶瓷、玻璃及製品等二個行業超過六成；在
美國進口中超過五成的行業還有卑金屬及製品，塑料、橡膠
及製品，紙及紙製品等，可見最後一波制裁商品清單，美國
對中國的進口依賴度較高。

　　茲再將商品按最終用途分為消費財、資本財、中間財和
其他等四個類別，比較觀察美國公布的前後四波制裁清單，
不同類別中國商品在美國進口的占比有何異同，結果發現
（表 3-6），340 億清單、160 億清單都是以中間財和資本
財為主，消費財的占比分別只有 0.5% 和 2.41%；2000 億清
單的商品主要為中間財，占了將近半數，資本財約占三成左
右；3000 億清單的商品，資本財占最大宗，達 46.57%，其

表 3-6 美對中加徵進口關稅商品的結構（2017 年）

清單別	消費財		中間財		資本財		其他		小計
	億美元	%	億美元	%	億美元	%	億美元	%	%
340億清單	1.63	0.11 (0.50)	152	9.93 (46.72)	155	7.82 (47.64)	16.7	21.25 (5.13)	(100.00)
160億清單	3.39	0.24 (2.41)	91.7	5.99 (65.23)	45.5	2.30 (32.36)	0	0	(100.00)
2000億清單	448	31.20 (22.74)	947	61.87 (48.07)	575	29.00 (29.19)	0.003	－	(100.00)
3000億清單	983	68.45 (37.93)	340	22.21 (13.12)	1,207	60.88 (46.57)	61.9	78.75 (2.39)	(100.00)
合計	1,436.0	100.00	1,530.7	100.00	1,982.5	100.00	78.60	100.00	

說　　明：括弧中的數字，是以橫向計算的百分比。
資料來源：根據「數據透視中美貿易摩擦：最新清單的分析」相關資料整理。

次是消費財，約占 37.93%。[14]

　　值得注意的是，比較各類商品在四次制裁清單中的配置，可以發現，中間財集中安排在第三波，資本財則集中在第四波；而消費財絕大部分都被放在後期，特別是在第四波，顯然，川普政府對中國進行貿易制裁分批進行，對消費者直接影響較大的商品優先順序最低。

　　這些中國大陸製品在美國自外國進口中占有率頗高，如果川普堅持擴大附加關稅的範圍，將不可避免地影響市場，不只會打擊中國大陸的出口企業，也必然會傷害美國消費者的福祉。儘管這些中國大陸製品可以從其他國家進口來替代，但是其價格一定高於未加徵關稅前中國大陸商品的價格。

NOTES

14　「數據透視中美貿易摩擦：最新清單的分析」（2018 年 7 月 18 日），2019 年 6 月 16 日瀏覽，《**新華網**》，http://www.xinhuanet.com/fortune/2018-07/18/c_1123146024.htm。

從貿易戰的本質
是科技霸權之爭

美方一直認為，造成中美貿易失衡和美國製造業衰落的原因，主要是中國大陸在對外貿易上實行重商主義、經濟上實行國家資本主義，其背後涉及的體制機制和結構性問題必須徹底解決，才有可能改變這種局面。

美國副總統彭斯（Mike Pence）曾於 2018 年 10 月初在保守派智庫哈德遜研究所（Hudson Institute）發表演說時指出，[1]中國大陸從安全到貿易等各領域都展現了侵略的態勢，他細數了中國大陸數大罪狀，包括大規模竊盜美國的知識產權、使用不公正的貿易手段擴大對美出口、在釣魚台島嶼和南海公開挑釁國際法，以及違反人權等；他也公開宣稱將嚴格限制中國大陸企業投資美國高科技和相關的敏感行業。彭斯的演講被外界認為是對中國大陸的新冷戰宣言。

美國貿易代表萊特希澤（Robert Lighthizer）在 2018 年《中國貿易壁壘清單》報告中也曾公開指責，中國大陸的重商主義對美國經濟產生了致命的影響；中國大陸在關稅壁壘、投資限制、強制技術轉讓、知識產權保護、網路侵權、政府補貼國企等領域對美方不公平，還有政府採購、內容審查、網路安全法、國家安全法等違反市場經濟法則，導致了美國對中國的巨額貿易逆差，以及嚴重的製造業就業機會流失問題，因此，主張美國政府應當採取較以往更為積極的政策措施對付中國大陸。

萊特希澤頗得川普信任，他的言論事實上引導了川普政府對中國大陸的經貿政策。川普不斷升高對大陸貿易制裁，

不是不了解美國也要付出代價，還要執意這麼做，除了為保護美國相關產業，根本的目的是在遏制大陸產業快速崛起，減少美國企業面臨的外部競爭，確保美國再次強大。

美國定位中方為戰略競爭對手

美中兩國的競爭，表面上是貿易戰爭，其實是在高科技領域的競爭，甚至是攸關美國在關鍵技術領域統治地位的較量，事實上，科技戰已呈現蔓延態勢。

川普執政後的美國，對中國大陸的定位已經從「戰略夥伴」轉變為「戰略競爭對手」，科技能耐作為決定一個國家未來安全、綜合實力和競爭力的關鍵因素，中美兩國的科技競爭逐漸白熱化，競爭的重點則是「技術民族主義」，[2] 從華為到 5G，從人工智能到航天工程，從無人駕駛汽車到清

NOTES

1　「火力全開批中 美副總統彭斯演說全文翻譯」（2018 年 10 月 8 日），2019 年 7 月 30 日瀏覽，《**中央社**》，https://www.cna.com.tw/news/flrstnews/201810050153.aspx。

2　「新技術民族主義」是指一個國家將經濟和科技領域定義為與國家安全有關的行為，基於國家競爭力方面的考量，該國希望在該技術領域占統治地位。參閱王凡，「中美貿易戰：兩國之間高科技較量激戰正酣」（2018 年 12 月 26 日），2019 年 1 月 27 日瀏覽，《**BBC 新聞網**》，https://www.bbc.com/zhongwen/trad/chinese-news-46681914。

潔能源，每個領域都可能是這場戰爭的焦點。事實上，科技戰已經與軍事能力和兩種制度的衝突綑綁在一起。

近年來，大陸先後推出「戰略性新興產業」、「中國製造2025」等計畫，試圖從「製造大國」邁向「製造強國」，因而讓美國備感壓力。

以「中國製造2025」規劃為例，中國大陸提出分三步走的戰略，到2025年，邁入製造業強國行列；到2035年，製造業整體達到強國陣營的中等水準，全面實現工業化；到2049年，也就是建國一百年，進入世界製造業強國前列。

大陸製造業規模早在2011年間就超越了美國，成為全球第一大，「中國製造2025」規劃若能順利執行，科技實力再進步並超越美國幾乎是遲早的事。因此，美國乃迫不及待地對中國大陸祭出制裁行動。

美國對大陸實施貿易制裁，課徵高額關稅的深層目的，是在迫使跨國企業在大陸投資難以獲利，最後選擇撤離，試圖藉此斬斷中國大陸從跨國企業取得先進技術的管道。

在關稅制裁之外，川普也採取一些非關稅措施制裁中國大陸，譬如，指示行政部門運用新的法規或所有現行法律，阻止中資企業掠奪性投資；加強審查擁有智慧財產權的美國科技公司，在國內外的合資計畫，以及加強出口管制，或要求美國企業或機構不得採購中國大陸特定產品等，不讓中方輕易取得美國高科技與人才，以全面防堵中方竊取美國的智慧財產及營業祕密。

關於禁止採購中國大陸產品的具體行動，舉例來說，2018 年 8 月 14 日，川普簽署「國防授權法案」，其中「禁止某些電信和影像監控服務或設備」的條款，規定美國「政府機構不得採購華為與中興（或此類實體的任何子公司或附屬公司）的電信設備」。

為遏制大陸高科技產業快速崛起，美國國會於 2018 年 7 月間通過《出口管制改革法案》（*Export Control Reform Act*），旨在賦予總統對出口管制行政決策權、制定受控出口商品清單，明確列出對美國構成威脅的外資企業和最終用途貨品清單。

美國加強對中國大陸技術封鎖

美國對中國大陸特定的高科技公司展開一系列制裁行動，如表 4-1 資料顯示，舉其要者，2018 年 4 月中旬，美國商務部宣布制裁中方電信設備商中興通訊，禁止美國公司對其出售高科技零組件及服務 7 年，所持理由是該公司違反美國對伊朗和北韓等國的出口禁令，以及未履行 2017 年與美國商務部達成的和解協議，與涉嫌向商務部做虛假陳述。

中興公司作為大陸新一代 5G 無線通訊技術的領先企業，在全球 5G 技術水準名列前茅，其產品涵蓋了從大規模天線技術、5G 系統化基站、微波、回傳／前傳、核心網，

表 4-1 美國制裁中國大陸高科技企業代表性案例

項目	公告日期	制裁對象	制裁內容
1	04.16.2018	中興通訊	禁止中國大陸電信設備商中興通訊從美國市場上購買零部件產品，期限為 7 年。
2	08.15.2018	華為、中興通訊	川普簽署「國防授權法案」，其中「禁止某些電信和影像監控服務或設備」的條款，規定美國「政府機構不得採購華為與中興（或此類實體的任何子公司或附屬公司）的電信設備」。海能達通信、杭州海康威視和浙江大華科技等也列名其中。
3	10.12.2018		美國能源部宣布，嚴格限制民用核技術輸出中國大陸。
4	10.29.2018	福建晉華集成電路	限制對該公司出口軟件和技術產品，因為該公司新增的存儲晶片生產能力將威脅到為軍方提供此類晶片的美國供應商的生存能力。
5	12.01.2018	華為（孟晚舟事件）	在溫哥華轉機時被加拿大警方應美國政府司法互助要求逮捕。
6	05.16.2019	華為	禁止美國國內通信運營商採購外國企業的通信設備；同日美國商務部將華為及其附屬公司（約 70 家），列為出口管制「實體名單」。
7	06.21.2019	中科曙光等 5 家	中科曙光、天津海光、成都海光集成電路、成都海光微電子技術、無錫江南計算技術研究所等 5 家新技術企業列入「實體清單」，禁止購買美國的關鍵設備和零組件。
8	08.14.2019	中廣核集團等 4 家	中廣核集團、中廣核有限公司、中廣核研究院、蘇州熱工研究院等 4 家實體列入實體清單，美國企業向這幾家公司出口零組件和技術時，需先獲得美國商務部的許可。
9	10.07.2019	海康威視等 28 家企業和組織	川普政府規定美國供應商必須先取得特別許可證，才能繼續向這些企業出售產品。

資料來源：作者根據相關資料整理。

以及終端的整條端到端產品鏈條等。美國對中興的打壓，其實就是對「中國製造 2025」規劃下支持產業的打壓；除經濟效益考量，中美兩國目前在 5G 技術發展中主導地位之爭奪，更是美國打壓中興的關鍵因素。

高新技術發展能夠帶來諸多優勢，譬如歐洲和日本無線通訊產業，曾經通過引領 2G 和 3G 技術而蓬勃發展，享受了巨大的經濟利益；嗣因在 4G 時代，歐洲、日本無線通訊產業喪失了技術領先地位，遭受了巨大的損失，所有的風光轉由主導 4G 技術的美國搶走，4G 技術為美國創造了可觀的經濟利益。[3]

如今全球無線通訊產業正邁向 5G 世代，目前中國大陸在 5G 技術方面的成就，對美國無線通訊產業的領先地位已構成強大的威脅，這就不難理解為何美國對中興通訊和華為兩家公司出手制裁既快又狠又準。

2018 年 8 月 1 日，美國正式開啟對中國大陸的技術封鎖。美國商務部將 44 家中國大陸實體列入出口管制的實體清

NOTES

3　據估計，無線通訊產業每投入 1 美元，可以帶動 3.2 美元 GDP；每增加一個直接工作崗位，可以帶動 7.7 個相關工作崗位。美國主導 4G 技術，2010 年以來，無線通訊產業共為美國創造了 470 萬個工作崗位，增加 1 萬億美元的產出。參閱馬蕭蕭，「觀點：從中興到中國製造 2025 給美中貿易戰算筆數字帳」（2018 年 6 月 22 日），2019 年 1 月 27 日瀏覽，《**BBC 中文網**》，https://www.bbc.com/zhongwen/trad/chinese-news-44544133。

單，規定這些實體購買政策管制商品時，必須先取得特定許可證。這44家實體包括中國航天科工集團第二研究院及下屬13個機構，中國電子科技集團公司第13所、14所、38所、55所及下屬機構，中國技術進出口集團，中國華騰工業有（及子公司），河北遠東通信系統工程（及子公司）等。[4]

此次列入的實體，大多屬於中國航天及軍工領域相關企業或機構，主要波及微波射頻行業，中國電科及其下屬單位更是此波受到美國封鎖的重災區。

美國加強技術出口管制

8月中旬，美國通過2019年度「國防授權法案」，其中「禁止某些電信和影像監控服務或設備」的條款，規定美國「政府機構不得採購華為與中興（或此類實體的任何子公司或附屬公司）的電信設備」。生產影像監控和電信設備的海能達（Hytera）通信、杭州海康威視（Hangzhou Hikvision）和浙江大華科技（Zhejiang Dahua）等公司也列名其中。

川普政府還考慮把曠視科技（Megvii）、美亞柏科（Meiya Pico）和科大訊飛（Iflytek Co. Ltd）等三家視頻監控公司，以及生產無人機的深圳大疆創新科技（Da-Jiang Innovations）公司列入黑名單，成為下一波打擊對象。[5]

2018年10月間，美國先後兩度宣布對中國大陸採取非

關稅的制裁措施，一是美國能源部宣布，「基於中國大陸可能將美國和技術轉移到新一代核潛艇、核動力航空母艦等軍事用途，將嚴格限制民用核技術輸出中國大陸」。二是美國商務部指控中國大陸晶片製造商福建晉華公司從事危害美國國家安全的活動，並將之列入出口管制名單，限制美國企業向該公司出口軟件及技術產品。

　　2018 年 12 月 1 日，就在川習於 G20 高峰會舉行雙邊會談，針對貿易戰達成 90 天緩衝期共識之際，華為公司副董事長兼財務長孟晚舟，在溫哥華轉機時被加拿大警方應美國政府司法互助之要求逮捕，其理由為「華為涉嫌違反美國出口管制向伊朗出售敏感科技，並以假帳資料掩護」，可能遭引渡到美國接受法律制裁。同日美國商務部將華為及其附屬公司大概有 70 家，列為出口管制實體清單，顯示川普正對中國大陸窮追猛打。

　　孟晚舟被捕事件，嗣經保釋，並於 2019 年 5 月 8 日出席加拿大卑詩省高等法院行政聆訊，法院決定孟晚舟將在 9 月 23 日到 10 月 4 日之間在同一法院進行證據披露申請聆

NOTES

4　樂川，「44 家中國企業被列入美國最新出口管制實體清單」(2018 年 8 月 1 日)，2019 年 9 月 16 日瀏覽，愛集微，https://www.laoyaoba.com/html/news/newsdetail?source=pc&news_id=681973。

5　「從華為到海康威視，美中科技冷戰打響，科技將分為不同陣營」(2019 年 5 月 23 日)，2019 年 6 月 24 日瀏覽，《**美國之音**》，https://www.voachinese.com/a/us-china-tech-cold-war/4929008.html。

訊，同時獲准搬遷至特定地點居住，迄今仍懸而未決。

5G 旗艦企業中興、華為被鎖定

此外，川普在 2019 年 5 月中旬簽署一份行政命令，禁止美國企業採購被認為有國安風險外國公司所製造的通信設備；同日美國商務部將華為及其附屬事業（約 70 家），列入出口管制「實體名單」，禁止華為在未經許可下，向美國企業採購相關零組件和技術；美國甚至也呼籲其他跨國企業停止與華為之開展業務，以達到圍堵華為進入未來 5G 網路的效果。

美國的這些舉動被視為，對中國大陸發起的雙管齊下的攻擊，很可能讓華為很快失去獲取晶片、天線和電話操作系統等重要零組件的管道；而對華為所設下的限制，若無可轉圜的話，或將摧毀這家公司，且可能使美中之間的貿易談判完全脫軌。

美國針對華為的一系列制裁措施，影響範圍跨越手機軟體／操作系統，也就是大家所熟悉的 Google ／ Android 等，以及硬體／晶片等。華為是一家提供通信裝置和銷售包括智慧型手機在內的消費性電子產品跨國科技公司，以開發電信設備起家，目前消費性電子產品營收所占比重反而大一些。

短期而言，美國制裁華為的行動，對該公司手機業務的

影響比電信基建業務嚴重許多，因為該公司短期內無法擺脫對 Android 的依賴。不過，川普政府制裁華為的動機，是基於國家安全的考量，打擊華為手機業務不是重點，儘管對該公司的商業獲利影響最直接，但制裁行動最主要的戰略性考量在於：排擠華為參與目前全球正在發展的 5G 基礎建設，降低華為電信設備在全球的市占率，以遏制中國大陸在 5G 甚至其他相關通信科技領域發展的話語權。

川普政府對華為的制裁舉動，顯示美國的意圖不僅是要從經濟上與中國大陸脫鉤，更要透過阻止中國大陸獲得美國技術，達到遏制中國大陸科技產業發展的目的。有專家分析，[6] 如此作為，不只會使華為陷入癱瘓，更將拖累中國大陸的 5G 無線網絡發展。這些招數顯然已將美中貿易戰導向科技冷戰。

川普政府的禁令，已促使 Google 宣布終止和華為合作，限制提供軟體服務；還有高通（Qualcomm）、英特爾（Intel）、安謀（ARM）、賽靈思（Xilinx）、博通有限（Broadcom）等晶片製造商，以及日本的松下、東芝等跨國公司，紛紛以遵守規定之名對華為停止服務或供貨。儘管華為是中國大陸最大手機和通訊設備製造商，當同時遭受美國軟硬體跨國大

NOTES

6　「『新科技冷戰』才是中美主力戰場，貿易戰只是美中衝突的一小部分」（2019 年 5 月 23 日），2019 年 6 月 6 日瀏覽，《橘報》，https://buzzorange.com/2019/05/23/the-real-us-and-china-are-flghting-for/。

企業的夾擊，生存與發展勢將面臨極嚴峻的考驗。經過這次教訓，一般認為華為一定會莊敬自強，發展自主關鍵技術，減少對美國的依賴；而中國大陸官方也可能以政府資源全力支持華為，未來兩國之間可能展開一場持久的科技冷戰。

繼華為之後，6月下旬，美國商務部又對超級計算技術領域下手，宣布把中國大陸4家企業和1家研究機構列入「實體名單」中，包括中科曙光、天津海光、成都海光集成電路、成都海光微電子技術，以及無錫江南計算技術研究所，規定在沒有取得美國政府核准之前，美國企業不能販售相關產品給這些實體；理由是：「構成了參與違反美國國家安全和外交政策利益活動的重大風險」。

中科曙光主要研發超級計算機，也生產通用服務器和存儲設備。該公司研發製造了中國大陸第一台性能超過千萬億次的超級計算機，並在第35屆全球超級計算機「TOP500」中奪得第二名；2009-2016年連續8年蟬聯中國大陸高性能計算機「TOP100」排行榜市占率第一。

無錫江南計算技術研究所，是中國大陸最早建立的計算機科學與工程相結合的大型綜合計算技術研究所，該所研製的「神威太湖之光」，是中國大陸第一台全部採用國產處理器的超級計算機，2016年間奪得年度最快超算，也是世界上首台運算速度每秒超過10億億次的超級計算機。美國對中國大陸超算以及處理器企業的制裁，顯示美國對中國大陸超算領域的崛起已深具戒心。

　　8 月中旬，美國再次向中國大陸核電領域出重拳，將中廣核集團及其關聯公司 4 家實體加入「實體清單」，分別是中廣核集團、中國廣核集團有限公司、中廣核研究院、蘇州熱工研究院等。這 4 家實體之所以被盯上，是因為這些實體從事或試圖取得先進的美國技術和材料，以移轉給軍方作為軍事用途。因此，要求美國企業向這幾家公司出口零組件和技術時，需先獲得美國商務部的許可。

　　2019 年 10 月 7 日，川普政府以「參與侵犯少數民族人權」為由，將 28 家中國企業與組織增列入所謂的「實體清單」，規定美國供應商必須先取得特別許可證，才能繼續向這些企業出售產品。涉案的 8 家企業分別是海康威視、商湯科技、曠世科技、科大訊飛、大華技術、美亞柏科、依圖科技、頤信科技等。

　　有論者指出，[7] 近 20 年來，中國大陸把 Facebook 和 Google 等外國業者擋在門外，在本土和其他世界之間築起數位圍牆，不過，對於大陸企業「走出去」發展，則是採取鼓勵的政策。如今美國對華為的禁令，無異於是從另外一端豎起數位圍牆，此種局面若持續發展，未來全球有可能形成兩套併行的科技標準，分別由中國大陸和美國主導。

NOTES

7　「美中科技冷戰開打 數位鐵幕加速豎立」（2019 年 5 月 22 日），2019 年 6 月 24 日瀏覽，《**中央社**》，https://www.cna.com.tw/news/flrstnews/201905210328.aspx。

嚴格審查中資在美投資案

川普政府除了採取加徵關稅和倡議 WTO 改革外，[8] 亦運用其他政策工具，阻止或遏制中國大陸從美國獲取高新技術，譬如打擊中國大陸經濟間諜活動，又如透過新立法，加強對來自中國大陸的投資之審查。

2018 年 8 月 14 日，川普簽署《國防授權法案》，其中有兩個法案係針對大陸而提，一是《外國投資風險審查現代化法案》（FIRRMA），旨在擴大「外國在美投資審查委員會」（CFIUS）職權，另一是《出口管制改革法案》（ECRA），規定敏感商品及技術出口均需經過商務部的核准。[9]

美國財政部 CFIUS 依據《外國投資風險審查現代化法案》，自 2018 年 11 月開始，正式加強對航空航天、生物醫藥、半導體等 27 個核心技術行業的外資投資審查；加強對涵蓋交易的審查，審查的範圍由原來只審查導致控制權變更的投資案，擴大到少數股權投資；跟蹤未申報的交易；延長

NOTES

8　美國曾向 WTO 控告大陸侵犯美國知識產權，並呼籲各國推動針對大陸不公平貿易措施的 WTO 改革進程。2018 年 11 月 1 日，美國進一步提出「強化 WTO 透明化程序及通知要求」文件，與歐盟、日本、阿根廷、哥斯大黎加等盟國，以共同提案的形式提交 WTO，試圖對大陸等屢被點名疏於通知的國家構成壓力。

9　「貿易戰十大聚焦及未來展望（下）」（2018 年 12 月 24 日），2019 年 9 月 6 日，《**大紀元**》，https://hk.epochtimes.com/news/2018-12-24/45850612。

表 4-2　美國對中國大陸竊取美國高科技的司法行動案例

項目	發生時間	對象	司法行動內容
1	2018 年 8 月	華裔美籍男士鄭孝清	指控其涉嫌盜取通用電氣公司渦輪技術的機密電子檔案，洩漏給中國大陸的公司。
2	2018 年 9 月 25 日	紀超群	指控他為江蘇國安廳情報人員招募工程師和科學家。
3	2018 年 10 月初	江蘇國安廳副處長徐延軍	從比利時被引渡到美國，被指控試圖透過美國五角大廈一名承包商員工，竊取噴射機引擎的商業機密。
4	2018 年 10 月底	中國情報機構官員及黑客共 11 人	被告共謀攻擊美國和歐洲的國防和航空航天承包商，以竊取商業機密。
5	2018 年 11 月 1 日	福建晉華、台灣聯電和三名台灣人	指控涉嫌密謀竊取美國晶片製造商美光科技的技術。
6	2018 年 12 月 1 日	華為財務長孟晚舟	指控涉嫌詐欺和違反美國對伊朗的制裁措施。
7	2019 年 5 月中旬	王福傑	涉嫌向美國健康保險公司發起駭客攻擊，盜取數據。

資料來源： 作者整理自⑴ https://www.bbc.com/zhongwen/trad/world-48222287；⑵「貿易戰十大聚焦及未來展望（下）」。

CFIUS 的初始審查時限和收取申報費用等，以國家安全為由，審查並可能阻止外國交易。[10]

此外，該法案還規定美國商務部部長每兩年應向國會提交兩份報告，一是有關「中國企業實體對美直接投資」，另一是「中國國有企業對美交通行業投資」的報告。

其他的政策工具還包括出口管制、司法起訴等，出口管制措施已如前文所述，不再贅述。依據反托拉斯法、反海外賄賂法、反洗錢法、反經濟間諜法等，監控中利用司法起訴打擊大陸，過去已經有很多的案例，未來大陸企業受到美方關切的程度只會增加。與中資企業往來較密切的台商，不管對個人，還是對企業，也必須提高警覺，因為美國可以依據這些法律對待台商或台資企業。

上表 4-2 列舉若干典型的案例，譬如 2018 年 11 月 1 日，美國司法部指控福建晉華公司、台灣聯華電子公司及三名台灣人，涉嫌密謀竊取美國晶片製造商美光科技公司（Micron Technology）的技術；同年 12 月 1 日，加拿大應美方要求逮捕華為財務長孟晚舟，美國指控孟晚舟涉嫌詐欺和違反美國對伊朗的制裁措施。近期美國司法部已成立專案小組，運用所有司法資源，嚴加打擊大陸經濟間諜活動。

美非關稅手段盡出，對中極限施壓

此外，美國亦積極透過各種途徑爭取歐盟、日本、澳大

利亞等國家支持圍堵中國大陸的政策。

　　舉例來說，2018 年 9 月間，美國、歐盟和日本主管涉外經濟事務的部長發表聯合聲明，[11] 指出「第三方國家」的非市場導向政策和作法，導致嚴重的產能過剩，破壞國際貿易的正常運作；同時抨擊「第三方國家」通過補貼政策，使其國有企業占有優勢，在國際市場上形成不公平競爭。該聲明雖未直接點名「第三方國家」是哪個國家，但明眼人一看就知道「第三方國家」非中國大陸莫屬。

　　另一項圍堵中國大陸的新作法，就是媒體所形容的運用「毒丸條款」。[12] 美國與加拿大、墨西哥的北美自貿協定（NAFTA）重新談判，並於 2018 年 10 月間簽署新的協定，稱為「美國—墨西哥—加拿大協定」（USMCA，簡稱為美加墨協定）；其中最引人矚目的是協定的第 32.10 條內容，規定「如果協定中的任何締約成員國與其他非市場經濟國家簽訂自貿協定，則必須允許其他締約方在發出通知 6 個月後

NOTES

10　任澤平，「中美對外開放程度對比（上）：關稅水平、通關便利、自貿協定、市場准入」（2019 年 1 月 16 日），2019 年 1 月 26 日瀏覽，《**新財富**》，http://www.xcf.cn/article/6c5d2d93195511e9bf6f7cd30ac30fda.html。

11　「貿易戰十大聚焦及未來展望（下）」，2018 年 12 月 24 日，《**大紀元**》。

12　任澤平、羅志恒、華炎雪、賀晨，「中美貿易戰暫時緩和：本質、應對和未來沙盤推演」（2018 年 12 月 3 日），2019 年 1 月 26 日瀏覽，**恒大研究院**，https://m.gelonghui.com/p/222667。

退出 USMCA」，其中「非市場經濟國家」所指顯然是中國大陸。準此，在沒有美國許可的情況下，中國大陸與加拿大和墨西哥兩國分別簽署自貿協定的可能性幾乎沒有。

該項規定被形容為「毒丸條款」，主要緣由為，美國試圖藉此傳達一個訊號，希望阻止歐盟、英國、日本等與大陸洽簽自貿協定，最終目的是要孤立中國大陸；未來美國與其他國家的自貿協定，或都將加入類似條款。

值得注意的是，美國為了防制技術輸出中國大陸，或防堵中方不擇手段取得美國高科技，正在屬行科技脫鉤的行動。除了盯上中資科技公司，也限制滯留美國的華裔科技人才為中國大陸效力；某些部門甚至有計畫地盤查受邀參與中國大陸「千人計畫」的學者，要求必須選邊站。該項措施在美國的華裔科學家圈中造成寒蟬效應，

此外，據媒體報導，川普政府還限制大陸自然科學領域學生到美國留學，延緩核准中國大陸的公民在美國半導體企業高級工程師的應聘申請，目的是為了避免美國企業的技術知識外流。

有學者指出，[13] 中美科技脫鉤的現象，不是一時興起，而是一個潮流之逆轉，美中兩國科技交流的門正在一步一步地縮小，造成的後果可能比貿易摩擦更可怕。

以川普簽署行政命令封殺華為事件為界，中國大陸商務部於 5 月 31 日宣布，決定建立「不可靠實體清單」制度，出於非商業目的對中國大陸企業實施封鎖或斷供，嚴重損害

大陸企業正當權益的個人、企業、機構 / 組織，將被列入不可靠實體清單中，也就是被列為拒絕往來對象。該項宣示的目的，乃在提醒各界勿捲入美中之間的貿易爭端，否則中國大陸也會給予制裁報復。

　　另一項反擊行動是針對稀土的貿易，也就是限制稀土相關產品對美國出口。根據美國地質調查局數據[14]，2018 年美國對稀土的淨進口依賴度幾乎 100%，而其中 80% 是直接自中國大陸進口，自其他國家進口的稀土化合物和金屬原料，主要包括愛沙尼亞（約占 6%）、法國（3%）、日本（3%），這些稀土加工製造的中間產品，所使用的原料也大多是來自中國大陸。

大陸反擊兩國科技冷戰已開啓

　　這種趨勢持續發展，全球科技生態系統有可能裂變為

NOTES

13　「中美『科技脫鉤』比貿易摩擦更可怕」（2019 年 6 月 4 日），2019 年 6 月 6 日瀏覽，《**FT 中文網**》，http://www.ftchinese.com/story/001083056?adchannelID=&full=y。

14　「一周世界輿論聚焦：中美經貿爭端出現第三種力量」（2019 年 6 月 3 日），2019 年 6 月 6 日瀏覽，《**FT 中文網**》，http://big5.ftchinese.com/story/001083037?full=y&archive。

二，分別由中國大陸和美國主導的兩個陣營。兩國各自發展獨立的科技生態系統，在激烈競爭下，甚至有可能禁止對方陣營使用己方的供應鏈，結果迫使其他國家在兩個陣營之間做出選擇。

事實上，美中雙方都已採取某些行動，鼓勵或甚至要求自己的盟友或經貿夥伴表態。譬如，美國曾多次說服歐洲盟國的電信相關設備，拒絕購買華為公司的 5G 技術；而中國大陸也積極地對其經貿夥伴傳遞一個訊息，特別是對「一帶一路」沿線國家，宣稱要將「數字絲綢之路」建設列為重點項目，吸引相關國家投入。

在另一方面，隨著貿易戰不斷升級，從軟體到硬體，全世界正逐漸分裂成不同的技術區塊，例如在大陸為品牌手機大廠代工的富士康，已開始在印度投資生產供應全球市場，而該公司在中國大陸生產的產品主要是供應當地的消費者。這種情況若持續發展，隱含全球科技供應鏈有可能進一步分裂，從而跨國公司過去利用中國大陸作為製造基地，製成品行銷全球的局面將改觀。

不過，到目前為止，美中各自拉攏盟友的現象都還只是在初期階段，未來的乖離會涉及多廣的範疇，坦白說還需要時間觀察，但可以肯定的是，夾在美中之間的一些國家，並不希望被迫選邊站，他們希望在美中之間的競爭中左右逢源而受益。

在美國智庫信息技術和創新基金會（ITIF）主席阿特金

森（Robert D. Atkinson）看來，中國大陸持續採取「創新重商主義」的作為，不遵守全球標準，是導致全球科技生態系統難以融合，並最終形成一個全球化技術產業之元凶。所謂「創新重商主義」，主要是指中國大陸通過限制美國企業的投資活動、強迫技術轉讓、政府資源直接挹注支持購買美國科技公司，以及政府支持網路竊盜等手段獲得美國技術的作法。[15]

　　對於美國官方的指控與制裁行動，大陸官方嚴詞批判是在「濫用」國家力量，在肆意抹黑和打壓中國大陸企業，「遏制」中國大陸的科技發展。大陸官方認為，對美國和西方國家高科技的依賴過高，並非正常。因此，試圖在高科技領域走自給自足、自力更生的道路，維護國家安全乃理所當然。美國制裁中國大陸咄咄逼人的姿態，只會加速中國大陸自主創新技術之發展。

　　美中貿易爭端，除了關稅衝突，還包括投資、技術和其他領域，相當複雜。因此，一般人認為，美中兩國即便在單純的貿易問題上達成協議，在結構性議題上的潛在鬥爭也難以停歇；兩國關稅爭端正滑向一場更廣泛的科技戰，甚至是

NOTES

15　美國智庫信息技術和創新基金會（ITIF）主席阿特金森（Robert D. Atkinson）公開表示，世界確實有烈變成兩個科技陣營的風險，除非中國停止「創新重商主義」的作法。參閱「從華為到海康威視，美中科技冷戰打響，科技將分為不同陣營」，2019 年 5 月 23 日，《**美國之音**》。

全面的經濟戰，其中 5G、人工智慧和量子計算正成為新的戰場。

「中國製造 2025」可能是美中兩國貿易爭端緩解的最大絆腳石。美國指控：大陸政府通過投入 3,000 億美元專款補貼、限制市場准入，以及強制技術轉讓、網路盜竊商業機密等手段，扶持目標高科技產業發展，進行不正當的競爭，是以犧牲他國利益為代價。

儘管中國大陸刻意淡化了「中國製造 2025」產業發展計畫，但目前正在研擬的一套替代方案雖不再強調國家主導的角色，其實並未放棄原計畫目標，如此作為顯然不符合美國的期待；美國想要的是：中國大陸必須承諾改變以國家主導先進技術行業的「中國製造 2025」產業政策，更希望大陸成為一個「正常」的市場經濟國家。

無疑地貿易戰可解，但科技戰涉及諸多結構性因素，配合美國的要求進行法規和政府治理等制度改革，大陸官方認為有礙主權和尊嚴，堅持「不能改」，似乎沒有讓步的可能；而美國又堅持結構性改革是協議的一部分，雙方有可能繼續陷入僵局。

美中兩國之技術競爭乃是貿易戰之核心，針對貨物貿易之談判，無論是否達成協議，科技戰都會持續下去。

貿易戰火延燒
美中兩國沒有贏家

川普政府根據「301 調查」報告，於去（2018）年 6 月
15 日公布對中國大陸關稅制裁方案，貿易戰於 7 月 6 日正
式開打。第一輪制裁商品清單，約值 340 億美元，依據關
稅稅則 HS 八位碼的分類，涉及 818 項商品，附加關稅 25%
（表 5-1）。第二輪制裁清單在 8 月 7 日公布，8 月 23 日生
效，約值 160 億美元，涉及的商品 279 項，加徵的稅率也是
25%。

表 5-1　美國對中國大陸貿易制裁清單

項目	正式公告	生效日期	HS 八位碼分類項數	貿易額（億美元）	加徵稅率（%）
清單一	06.15.2018	07.06.2018	818 項	340	25%
清單二	08.07.2018	08.23.2018	279 項	160	25%
清單三	09.17.2018	09.24.2018	5,745 項	2,000	10%（05.10.2019 起加徵 25%）
清單四	05.14.2019	09.01.2019	3,805 項	3,000	10%
清單四修正版	08.15.2019	09.01.2019 12.15.2019	na	約 1,800 約 1,200	10% 10%
最新版一	08.28.2019	09.01.2019	6,842	2,500	30%
最新版二	08.28.2019	09.01.2019 12.15.2019	na	約 1,800 約 1,200	15%

資料來源：作者根據相關資料整理。

　　美國對中方先後提出的 340 億、160 億美元制裁商品清單，根據美國統計局公布的 2017 年數據顯示，分別占當年自大陸進口總額的 6.43%、2.79%，合計未超過一成，因此，涵蓋的範圍，以及對中國大陸衝擊的程度相對有限。

　　不過，9 月 24 日正式生效實施的制裁清單，共計 2,000 億美元、5,745 項，初期附加關稅 10%，約占 2017 年美國自中國大陸進口總值 4 成左右，若加上前一波制裁商品 500 億美元，則 2,500 億美元所占比重已接近 5 成，對大陸經濟的負面衝擊範圍勢必擴大。

美中貿易戰愈演愈烈

　　當美國制裁中國大陸一波接一波，大陸不甘示弱，也即時一次接一次地進行反制。然而，川普宣稱，如果中國大陸採取反制措施則將再加碼，除了已公布的三波制裁商品清單，共計 2,500 億美元，不排除將其餘自中國大陸進口商品全數列入新一波制裁清單。

　　由於美中雙方經過多回合的貿易談判一直無法達成共識，甚至還不時互相指責出爾反爾，川普終於在今（2019）年 8 月初再出手，針對還未列入制裁清單的商品，等值約 3,000 億美元（實際上約僅 2,673 億美元），宣布加徵 10% 進口關稅，並稱自 9 月 1 日開始生效實施。至此，美國對中

國大陸的貿易戰火已全面展開。

面對川普窮追猛打,大陸怎麼回應?在美國公布「301 調查」制裁清單後的第一時間,中國大陸也提出了等值 500 億美元反制商品清單,仿照美國分兩批進行,附加關稅都是 25%(表 5-2)

第一批、第二批反制清單涉及的產品,涵蓋相當比例的民生必需品,包括黃豆、高粱、海鮮、肉品、乳製品等,其它則為石油、塑膠製品、醫療器材等。其中,農產品及食品

表 5-2　中國大陸反制美國貿易制裁清單

項目	正式公告	生效日期	HS 八位碼分類項數	貿易額(億美元)	加徵稅率(%)
清單一	06.16.2018	07.06.2018	545 項	340	25%
清單二	08.08.2018	08.23.2018	333 項	160	25%
清單三	09.18.2018	09.24.2018	5,207 項	600	5%~10%
清單三修正	05.15.2019	06.01.2019	2,498 項 1,078 項 974 項 595 項	600	調高至 25% 調高至 20% 調高至 10% 維持在 5%
最新版	08.23.2019	09.01.2019 12.15.2019	na	750	5%、10%

資料來源:作者根據相關資料整理。

占最大宗，約占 38%，其次依序是其他中間財，占 32%；運輸設備占 24%；資本財占 3%；其他商品占 2%，消費性商品占 1%。

另外，針對美國公布的等值 2,000 億美元商品制裁清單，中國大陸提出反制，宣布對原產於美國的 5,207 項、約 600 億美元商品，加徵 5% 或 10% 的關稅；主要涵蓋中小型飛機、電子產品、紡織品、化學品、炊具和紙類、肉品、小麥、葡萄酒、液化天然氣等商品。

今（2019）年 5 月，美國將 2,000 億美元的附加關稅由 10% 提高到 25%，中國大陸隨即就原已提出的 600 億美元制裁清單的附加關稅，提高至 5% 到 25%，其中加徵 25% 和 20% 關稅的商品清單分別有 2,493 項、1,078 項，加徵 10% 和 5% 關稅的商品清單分別有 974 項、595 項；同時，中國大陸也正在研議提出「不可靠實體清單」，制裁美國高科技企業，美國的高通、美光、博通與德儀等高科技公司，可能被納入清單。

大陸的出口能量減弱

進口國對進口商品加徵關稅，將直接影響貿易流量，對出口國經濟造成衝擊的程度基本上取決於兩個因素，一是出口企業定價，也就是關稅對出口貨品價格的轉嫁幅度；

相關的研究顯示，關稅變動轉嫁至消費端價格的幅度約在
20%~30% 之間，因為出口企業為了穩定市場，通常會吸收
一部分加徵的關稅，而不會全數轉嫁。[1]

　　另一個因素是需求的價格彈性，即反映關稅帶來的價格
衝擊，究竟對出口量造成多大影響。相關的實證研究發現，
需求的價格彈性大致落在 2~6 之間，[2] 實際的係數大小因產
品和貿易夥伴國不同而有差別。

　　徐建煒的研究指出，[3] 假設關稅轉嫁的份額為 20%，需
求的價格彈性是 4，則美國對中國大陸製品加徵 25% 的進口
關稅，大致會造成大陸對美國出口額下降 15% 左右，以首
二波美國提出制裁的清單 500 億美元估計，則受影響的貿易
額約 75 億美元左右。相對於大陸出口總額（2017 年約 2.26
萬億美元），這些不足 100 億美元的損失，基本上對大陸整
體出口的影響有限。

　　不過，如果貿易戰升級，譬如說美國進一步加碼，對全
部中國輸美商品 5,000 多億美元加徵 25% 的稅，則依照前
述想定的情境，也就是說關稅轉嫁比率為 20%，需求的價格
彈性是 4，則大陸對美國出口減少的規模可能會達到 800 億
美元，相當於 2017 年大陸對美國出口總額的 16% 左右，約
占全年貿易順差的三分之一（大陸商務部統計的對美貿易順
差，2017 年約 2,758 億美元），這樣的衝擊程度已經不算輕
微。

　　當然，這樣的估算有可能出現高估現象，因為當大陸對

美國之出口因關稅提高受阻，相關業者不可能坐以待斃，會想辦法開拓新市場；同樣的，美國進口商也會轉自其他國家進口，因此，加徵關稅對美中雙方整體貿易之衝擊可能沒前述估計的那麼多。[4]

在另一方面，上述的估值也有可能低估，因為受到影響的產業會通過價值鏈關聯而相互影響，導致關稅的影響層面擴大，也就是說，加徵關稅造成的衝擊，除了有直接效應，還必須考慮上下游產業關聯的間接效應。理論上，這些低估與前述的高估部分有可能相互抵消。

事實上，中國大陸商務部公布的資料顯示，[5]美中貿易戰已導致中國大陸出口及對美出口增速大幅下滑，今年上半

NOTES

1　徐建煒，「中美貿易戰第一槍影響幾何」（2018 年 7 月 10 日），2018 年 7 月 15 日瀏覽，《**FT 中文網**》，http://www.ftchinese.com/story/001 078392。

2　徐建煒，「中美貿易戰第一槍影響幾何」，2018 年 7 月 10 日，《**FT 中文網**》。

3　徐建煒，「中美貿易戰第一槍影響幾何」，2018 年 7 月 10 日，《**FT 中文網**》。

4　美國已開啟相關行政作業，針對加稅清單中的產品，評估可能對美國經濟造成「嚴重損害」的項目，排除其適用加徵關稅，這些行政補救措施或將減少貿易衝擊。

5　任澤平、羅志恒、華炎雪、賀晨，「客觀評估中美貿易摩擦對雙方的影響」（2019 年 7 月 18 日），2019 年 9 月 6 日，《**搜狐網**》，http://www.sohu.com/a/327802257_467568。

年增速分別為 0.1% 和-8.1%，與去年全年的出口表現比較，分別下降了 9.8 和 19.4 個百分點，其中涵蓋在 500 億、2,000 億美元清單的商品，出口增速在加徵關稅後分別下滑 41.2 和 24.1 個百分點；電機電器、機械行業受到的衝擊最明顯。這樣的變化已導致美國退居為中國大陸第二大出口市場、第三大貿易夥伴。

任澤平等人根據出口商品的彈性，模擬加徵關稅對中國大陸出口美國的影響，結果發現，[6] 如果美國僅對中國大陸 2,500 億美元加徵 25% 進口關稅，中國大陸對美出口增速將至少下滑 11.6 個百分點，整體出口增速下滑 2.2 個百分點。如果加徵 25% 進口關稅的商品涵蓋全部（5,500 億美元），則大陸對美出口和整體出口，將分別下滑 25 和 4.7 個百分點。

加速外資企業撤離中國大陸

附加關稅將增添企業的成本，可能使得已面臨經營成本不斷上漲的外資企業雪上加霜，因此，貿易戰或將加速外資企業將部分業務，甚至全部撤離中國大陸。華南美國商會的調查研究發現，有超過 70% 的受訪美商表示暫停在中國大陸做後續投資，有 64% 的受訪美商表示，將考慮轉移生產線到其他國家。[7]

25% 的附加關稅，對於利潤微薄的外向型製造業而言很難吸收承受，選擇將產能轉移到境外，以規避美國加徵關稅的衝擊，乃是合理的商業決策。尤其是，由於各界對美中貿易爭端能夠在短期內解決大都不抱希望，一些企業已開始採取行動，選擇離開中國大陸返回其母國，或選擇到其他國家投資設廠，其中大部分轉往東南亞地區。有專家指出，美中貿易戰引發的跨境供應鏈轉移，是繼中國大陸 2001 年加入 WTO 之後，又出現的一次盛況。

事實上，受到勞動力成本、土地成本高漲，以及高稅率的影響，加上大陸官方有計畫地推動產業轉型升級，所謂的「騰籠換鳥」政策，導致外資企業撤離中國大陸，撤資的浪潮早自 2012 年即已開始，美中貿易戰爆發且蔓延不斷，更進一步催化大陸的外資企業出走；勞動力占生產成本較低的產品，往美國或該企業的母國移動，而勞力較密集的商品，則會往薪資水準更低的國家遷移。

外資撤離，對中國大陸的世界工廠地位造成嚴峻的挑戰，長期以來汲汲建立起來的產業鏈，可能因此遭到破壞。

NOTES

6　任澤平、羅志恒、華炎雪、賀晨，「客觀評估中美貿易摩擦對雙方的影響」，2019 年 7 月 18 日，《**搜狐網**》。

7　「美中貿易戰效應台商回流美商轉移」（2018 年 10 月 30 日），2019 年 4 月 4 日瀏覽，《**BBC 中文網**》，https://www.bbc.com/zhongwen/trad/46032549。

其次，由於撤離中國大陸的外資，有一大部分遷往東南亞地區，東亞地區產業供應鏈關係勢將重新洗牌；東協國家因承接多數自中國大陸外移的企業而快速崛起，在未來一段時間，不無可能取代中國大陸，成為新的世界工廠。

美中貿易戰開打，貨物貿易首當其衝，對市場信心造成的衝擊可能更大，但卻很難評估，其中最主要的是表現在金融市場上。貿易流量變動將進一步影響貿易盈餘和外匯儲備的成長；從這個角度看，人民幣匯價或將面臨貶值壓力，同時在一定程度上影響大陸金融穩定。

劉遵義的研究指出，大陸的股票市場自貿易戰爆發以來受到直接打擊，迄 2018 年 10 月底資料顯示，深圳和上海股票交易所的平均股票價格已分別下跌了近 25% 和 15%，MSCI 中國指數下跌了 13%；人民幣匯率中間價指數在 2018 年 1 月至 10 月間對美元貶值約 9%，對比人民幣匯率指數（CFETS）自 2017 年底以來的走勢，同期間人民幣中間價相對於美元來說則貶值了 5%。[8]

另一項研究指出，受到美中貿易戰的影響，上海股市的市值在 2018 年蒸發了 2.4 兆美元，是全球股市中跌幅最大者。[9]

大陸金融市場動盪不定

圖 5-1 資料顯示，過去一年多來香港恆生、紐約道瓊和

中國貿易戰開始後的股票市場
2018 年 1 月之後的市場表現百分比變動

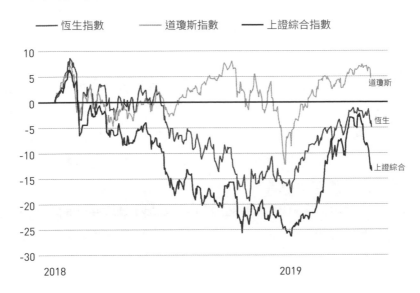

資料來源：「中美貿易談判：關稅上調在即，特朗普收到習近平『美麗信件』」
（2019 年 5 月 10 日），2019 年 6 月 6 日，BBC 中文網，https://
www.bbc.com/zhongwen/trad/world-48222287。

圖 5-1　中美貿易戰開打後主要股市波動趨勢

NOTES

8　大陸股市下跌及人民幣匯率貶值，不能夠也不應該都歸咎於貿易戰，美
　　聯儲推動美國的實際和預期利率上升也是原因之一。劉遵義，《**共贏：
　　中美貿易戰及未來經濟關係**》（台北：時報文化，2019 年 1 月），頁
　　81-86。

9　「中國再度閉關，對美國、台灣、韓國的影響有多大」（2019 年 6 月
　　4 日），2019 年 7 月 3 日瀏覽，《**今週刊**》，https://www.businesstoday.
　　com.tw/article/category/80392/post/201906040017/。

上海上證綜合指數變動趨勢，與同期間中美貿易戰情勢的變化息息相關。中美貿易摩擦自 2018 年初開始逐漸升溫，美國於當年 4 月間公布「301 調查」報告，並於 7 月 6 日正式開啟對中國大陸的貿易戰，迄今一年多，上證綜合指數受到衝擊的程度最大，利空因素造成的跌幅較深，而利多因素刺激回升的力道卻不如香港恆生和紐約道瓊。

美中貿易摩擦導致投資者風險偏好下降，股票市場波動加劇，且與貿易摩擦的進展密切相關；每當加徵關稅訊息公布，股市跌幅明顯擴大。

去年 12 月，川習高峰會達成貿易戰休戰 90 天的共識，雙方展開密集協商，該項利多帶動股市持續上揚，直到今年 5 月間，雙方協商破局，川普再為貿易戰火添柴，股市再度逆轉向下。

對美出口萎縮，加上外資企業撤離，中國大陸的經濟成長動能正逐漸衰弱。大陸學者哈繼銘的研究也發現，[10] 如果美國對大陸的鋼鐵和鋁加徵 25% 和 10% 的關稅，並對 500 億美元大陸產品加徵 25% 的進口關稅，對大陸出口的影響不大，估計短期內拖累大陸經濟成長的幅度約 0.1 個百分點。美中貿易戰若再升級，假設最終使大陸對美國貿易順差減少 1,000 億美元，同時，美國又加強對大陸科技產品出口，以及大陸對美國的科技投資管制，則估計影響大陸經濟成長的幅度將達 0.8 個百分點。

美國知名投資銀行摩根史坦利的研究報告指出，美國

對大陸 340 億美元等值的產品課徵 25% 的懲罰性關稅，將導致大陸的 GDP 下降約 0.1 個百分點；如果川普繼續對價值 2,000 億美元的大陸製品加徵 10% 的進口關稅，則對大陸 GDP 成長的直接影響將增加到 0.3 個百分點；而在貿易全球化的擴散效應下，間接影響將進一步使得大陸 GDP 成長減緩 0.2~0.3 個百分點。[11]

　　美中貿易戰若持續擴大，最極端的情況是美國完全停止從大陸進口商品，則大陸 GDP 成長率將下滑 3 個百分點。摩根史坦利經濟學家同時指出，如果美國政府在貿易制裁之外，決定另外對高科技領域加強對大陸出口管制，譬如禁止晶片、軟體等貨品，目前大陸對美國存在高度依賴，則可能對大陸造成更大傷害。

　　中國農業大學國際經濟研究貿易政策模擬實驗室，根據一個包含 29 個國家或地區的內生性貿易不平衡全球一般均衡模型，估計美國關稅上調對中國的宏觀經濟影響，結果發現，如果美國對從中國進口的 2,000 億美元商品加徵關稅，

NOTES

10　「貿易戰對中國經濟短期影響有限 對金融穩定影響可控」（2018 年 7 月 6 日），2018 年 7 月 15 日瀏覽，《**路透社**》，https://cn.reuters.com/article/trade-war-experts-updates-0706-idcnkbs1jw0mp。

11　「摩根史坦利報告出來了：貿易戰對中國 GDP 的影響有多大」（2018 年 7 月 14 日），2019 年 7 月 15 日下載，《**財經網**》，http://economy.caijing.com.cn/20180714/4486122.shtml。

從 10% 提高到 25%，則將使中國的 GDP 下降 0.66%，製造業就業降幅超過 1%。[12]

該研究團隊還估算了中國大陸反制美國，對全部從美國進口商品加徵 25% 關稅的效果，發現中國大陸的 GDP 將減少 0.61%，製造業就業下降 1.06%；相對而言，美國 GDP 減少幅度較小，僅 0.09%，製造業就業下降 1.02%。

任澤平等人的研究指出，[13] 依據中國大陸商務部公布的數據估算，2017 年大陸每百萬美元貨物出口可創造 40.3 人次就業機會，美國對 2,500 億美元大陸商品加徵 25% 進口關稅，將影響 199 萬人就業；若附加關稅 25% 涵蓋全部商品 5,500 億美元，則將影響 420 萬人就業；其中機電、機械業，以及勞動密集型產業受到衝擊較大。因此失去工作的農民工，可能陷入隱性失業問題。

加速大陸經濟成長下滑

國際貨幣基金（IMF）的研究指出，美國掀起的貿易戰爭，將導致大陸和美國的實際經濟成長率，2019 年將分別最多被挫低 0.9% 左右；除了提高關稅導致貿易流量停滯之外，金融市場的震盪和企業獲利惡化，金融機構提供融資將變得更慎重，最後可能導致企業的融資成本上升，進而不利於新增投資，也將對總體經濟產生負面影響。[14]

　　IMF 最近公布的研究結果顯示，若美中貿易戰進一步惡化，對中國大陸商品加徵進口關稅，擴大涵蓋所有商品，則 2019 年中國大陸的國內生產總值規模將損失 1.6%。[15]

　　前引劉遵義的研究指出，[16]假設受到美國實施新關稅的影響，大陸對美國的全部出口有一半（2,500 億美元）陷入停滯；假設美國市場對大陸商品進口的需求價格彈性為 1，基於大陸對美出口貨品中直接的國內附加價值約僅 24.8%，則給大陸 GDP 造成的初期最大損失約僅 0.43%；若考慮間接衝擊，則國內附加價值的比重將提高至 65%，從而 GDP 成長下降幅度將擴大至 1.12%。

　　今年 6 月間，川普政府將價值 2,000 億美元中國大陸商

NOTES

12　陸丁，「中美貿易戰，美方經濟損益知多少」（2019 年 6 月 5 日），2019 年 6 月 6 日，《FT 中文網》，http://www.ftchinese.com/story/001083036?adchannelID=&full=y。

13　任澤平、羅志恒、華炎雪、賀晨，「客觀評估中美貿易摩擦對雙方的影響」，2019 年 7 月 18 日，《搜狐網》。

14　中村亮，「IMF 預測：貿易戰最多拉低中美增長率 0.9%」（2018 年 9 月 25 日），2019 年 1 月 27 日瀏覽，《日經中文網》，https://zh.cn.nikkei.com/politicsaeconomy/epolitics/32365-2018-09-25-09-09-26.html。

15　「貿易戰成科技冷戰，中國中小型科技業最難熬」（2019 年 6 月 5 日），2019 年 6 月 24 日，《科技新報》，https://technews.tw/2019/06/04/tradeway-impact-china-smaller-tech-company/。

16　劉遵義，《共贏：中美貿易戰及未來經濟關係》2019 年，第 4 章，頁 79-110。

品的附加關稅，從 10% 提升到 25% 的決定，使得兩國之間的貿易大戰進一步升級。

巴克萊銀行專家估計，川普政府的該項制裁措施，在未來 12 個月可能會導致中國大陸經濟增幅減少 0.5 個百分點。如果美國繼續追加對其餘 3,000 億美元中國大陸商品加徵 25% 的關稅，中國大陸經濟增幅還會再減少 0.5 個百分點。[17]

此外，有研究指出，美國加強對中國大陸技術轉讓之限制，將壓低其全要素生產力，進而使大陸未來 10 年的 GDP 每年成長率下降約 0.5 個百分點。[18] 其實，導致大陸全要素生產力下跌的因素，不止是獲取技術的渠道變窄，在學生專、教授、工程師和專業技術人員之交流減少，也是重要的影響因素。

在現實中，美中貿易戰火延燒，微利的中國大陸企業不堪負荷，出現裁員、減薪現象已愈來愈多；同時，資金市場緊俏，民營企業債務違約案例不斷增加，金融的難題似已從「去槓桿」轉變為「穩槓桿」，「穩就業」更已成為當前中國大陸宏觀調控政策的首要工作。

必須指出的是，貿易戰對中國大陸經濟造成衝擊的範圍和程度，與貿易戰持續的時間息息相關，貿易戰不斷升級，對中國大陸的實體經濟愈不利，尤其是金融「去槓桿」領域。

此外，從長期來看，如果貿易爭端延宕不解，甚至演變成科技冷戰，將對中國大陸高新技術產業的發展帶來嚴重的負面影響，因為到目前為止，大陸的高科技基礎仍然薄弱，

關鍵技術對歐美先進國家高度依賴，美國在中國大陸高度參與的全球價值鏈中搞破壞，所謂的「科技脫鉤」，阻斷中國大陸高新技術之引進，對中國大陸高科技企業的直接影響將非常明顯。

不過，在美中貿易戰日益緊張的壓力下，有可能激勵中國大陸相關的高科技產業加快發展。以半導體產業為例，由於該產業鏈在設備與材料上，迄目前仍然高度依賴自美國進口，[19] 貿易戰若持續升級，美方出手管制出口，則大陸的半導體產業將陷入困境。

中興通訊與華為事件給中國大陸的震撼教育，正刺激中國大陸在半導體產業的資本支出，以加速推進該產業的研發進程。

以華為公司為例，2018 年無限技術研發支出高達 153 億美元，相當於 2014 年的 1.5 倍，超過蘋果、微軟和三星

NOTES

17　「美中貿易戰升級將給兩國經濟帶來負面影響」（2019 年 5 月 11 日），2019 年 8 月 24 日，《**美國之音**》，https://www.voacantonese.com/a/the-impact-of-us-china-trade-war-escalation-20190511/4913236.html 。

18　「貿易戰對中國經濟的傷害」（2019 年 8 月 12 日），2019 年 8 月 12 日，《**[OR]- 商業新媒體**》，http://www.or123.top/?p=79382 。

19　2017 年中國大陸的半導體相關產品進口值高達 2,600 億美元，超過石油相關產品的進口支出。參閱「貿易戰刺激中國半導體研發？關鍵仍在專利技術」（2018 年 9 月 18 日），2019 年 2 月 8 日，《**鉅亨網**》，https://news.cnyes.com/news/id/4203805 。

同期研發支出成長幅度，僅次於亞馬遜，在全球企業研發支出成長幅度的排名居第二位。[20]

對美國貿易流量的影響

　　美中貿易戰對美國經濟同樣會造成傷害，首當其衝的是雙邊貿易流量，一方面中國大陸減少自美國採購，譬如黃豆、玉米等農產品，直接受到影響的是農民和貿易商；另一方面，在全球價值鏈架構下，受到美國制裁的中國大陸製品，其製程中所需的中間原材料、零組件，有部分採購自美國，因此，美國對中國大陸製品加徵進口關稅可能造成的負面影響，其反作用力道也將傷及美國。

　　根據美國商務部統計[21]，2018 年自中國大陸進口總額年增率達 6.8%，其中，涵蓋在 2,500 億美元內的制裁清單商品年增率 9.9%，而未列入制裁清單商品的年增率為 4.2%，可見附加關稅對貿易流量的負面影響，反而不如搶單效應造成的正面影響。

　　不過，自 2019 年 1 月起，美國從中國大陸進口，受到制裁的商品連續 6 個月急遽衰退，且降幅逐月擴大，1-6 月累計年減 27%；同期間，未受到制裁商品進口值年曾 2.4%，兩者相抵，今年上半年，美國自中國大陸進口下挫 12.4%，顯示貿易戰的威力已經開始發揮作用。

受到附加關稅的影響，美國進口商改自其他國家進口，也就是轉單效應，以今年上半年進口值成長幅度比較，其中斯洛伐克受惠最多，漲幅 114.3%，其次依序是越南（33.7%）、台灣（28.5%）、法國（19.5%）、俄羅斯（16.4%）、印度（14.1%）、南韓（12.7%）等 [22]。

加徵關稅將直接增加相關商品的成本，這些額外成本的一部分，有可能轉嫁給上游原材料、半成品供應商分攤，也有可能轉嫁給進口商，最後傳導至消費者。關稅轉嫁的多寡與美國對中國大陸的進口依賴度息息相關，該項依賴度愈低，進口商改自其他地區採購相對容易，對美國消費市場，甚至整體經濟的影響將愈不明顯，反之，影響將較明顯。

為了減緩貿易戰對美國經濟造成的影響，美國對中國大陸商品加徵關稅的清單，前一波商品多集中在對大陸依賴程度較低的商品，對大陸依賴程度較高的商品則放在後一波制裁清單。

NOTES

20　「砸大錢 華為研發費用升至全球第四」（2019 年 4 月 29 日），2019 年 8 月 12 日，《鉅亨網》，https://news.cnyes.com/news/id/4310298。

21　財政部統計處，「近期美國對中國大陸貨品加徵關稅之相關影響分析」，108 年 8 月 21 日，未出版研究報告。

22　財政部統計處，「近期美國對中國大陸貨品加徵關稅之相關影響分析」，108 年 8 月 21 日，未出版研究報告。

表 5-3 資料顯示，第一波清單 340 億美元，美國對大陸的進口依賴度平均約占 7.72%；第二波清單 160 億美元，平均約占 14.67%；第三波 2,000 億美元制裁清單，自中國進口的商品所占份額，平均 23.17%；新推出的 3,000 億美元制裁清單，在美國進口總值中所占比重，平均約 37.93%。相對而言，第三波和第四波制裁清單涵蓋的商品，美國對中國大陸的進口依賴度較高，因而研判對美國經濟造成衝擊的程度勢必較大。

川普一再宣稱，對中國大陸加徵關稅，是對中國大陸輸美商品的懲罰，代價主要由中方承擔。然而，美國聯邦準備銀行（Federal Reserve Bank of New York）等機構的研究卻發現，即使美國政府能夠充分利用加徵關稅獲得額外稅收收入，但到 2018 年底，美國實際收入遭受的損失達到了每個月 14 億美元。[23]

同一份研究也指出，如果 2,500 億美元附加關稅水準保持 25% 不變，每年將有 1,650 億美元的貿易轉向，這意味著企業的成本因加徵關稅而大幅增加。

國際貨幣基金（IMF）在今年 5 月下旬的一項研究發現，關稅加徵前，從中國進口的跨境價格幾乎沒有變化；關稅加徵後進口價格急遽上漲，漲幅幾乎與關稅一致，由此推論因關稅上漲造成的全部成本，幾乎全部由美國進口商承擔，其中一部分已轉嫁給了美國消費者，另有部分是由進口商以降低獲利的方式吸收。[24]

表 5-3　按制裁清單估算中國大陸輸美商品在美國進口所占份額

項目	目標金額（億美元）	實際金額（億美元）	HS 八位碼分類項數	占美國當年從中國進口總額（%）	占美國同類產品進口總額（%）
清單一	340	325	818 項	6.43	7.72
清單二	160	141	279 項	2.79	14.67
清單三	2,000	1,971	5,745 項	39.98	23.17
清單四	3,000	2,673	3,805 項	49.0	37.93

資料來源：根據「數據透視中美貿易摩擦：最新清單的分析」相關資料整理。

NOTES

23　「全球經濟為美中貿易戰埋單」（2019 年 5 月 10 日），2019 年 8 月 12 日，《**FT 中文網**》，http://big5.ftchinese.com/story/001082696?full=y。

24　另一項類似研究得到的結論是，中國出口廠商最終將負擔 25% 附加關稅中的 20.5%，而美國消費者僅負擔其中的 4.5%。參閱陸丁，「中美貿易戰，美方經濟損益知多少」，2019 年 6 月 5 日，《**FT 中文網**》。

關稅轉嫁造成美國物價水準上揚

　　根據美國經濟分析局（U.S. Bureau Economic Analysis）的估計，[25] 美國對 2,000 億美元中國大陸商品附加關稅提升到 25%，將導致美國居民消費價格指數（CPI）上升 0.2~0.5%；如果加徵關稅的規模擴大至其餘的 3,000 億美元自中國大陸進口商品，電子產品、手機和服裝等產品都含蓋在內，則美國的 CPI 將上升 1%。顯然，美國一般消費者勢將感受到貿易戰帶來的影響。

　　貿易戰或將推高美國的通膨水準。在川普對中國大陸加徵關稅的 2,000 億美元商品中，涵蓋了傢俱、皮革製品等民生用品。就以這兩類商品來看，美國自中國進口所占比重都超過一半；部分雜項製品如雨傘、玩具、頭飾、行李箱、鞋類製品等美國對中國大陸進口的依賴度更高，加徵關稅無疑將加大美國國內商品價格上漲壓力，尤其若貿易戰全面展開，美國面臨的通膨壓力，從而對消費者造成的損害不可小覷。[26]

　　華盛頓諮詢公司貿易夥伴（The Trade Partnership）估算，對 2,000 億美元中國商品加徵 25% 進口關稅，加上之前已對 500 億美元中國商品加徵的關稅，關稅轉嫁的結果，將使美國每個四口之家每年平均多支出 767 美元；這些附加關稅，還會使美國喪失 93.4 萬個就業機會。如果美國把加徵關稅的範圍擴大到全部中國大陸輸美商品，則美國每個四口之

家每年平均支出將多出 2,294 美元，同時全國將損失 210 萬個就業機會。[27]

　　美國對中國進行貿易制裁，對美國宏觀經濟造成的衝擊，除了勞動就業、物價之外，股市波動也值得關注。早在去（2018）年 4 月初，由於中美雙方針對「301」措施擺出開戰架式，及曾經造成全球股市震盪，美股道瓊指數在 4 月 4 日盤中曾急跌逾 500 點；[28] 嗣後，只要川普公開宣布對中國採取制裁措施，對美國和中國大陸股市都造成起伏波動，甚至外溢至全球股市。

　　舉例來說，2018 年 10 月間，各方對美中避免貿易戰升級為全面貿易戰，阻止 2,000 億美元中國大陸商品附加關稅從 10% 提升至 25%，普遍感到悲觀，結果 10 月美國金融市

NOTES

25　「美中貿易戰升級將給兩國經濟帶來負面影響」（2019 年 5 月 12 日），2019 年 8 月 12 日，《看中國》，https://www.secretchina.com/news/b5/2019/05/12/893438.html。

26　沈健光，「不要錯過貿易戰降溫的機遇期」（2018 年 10 月 31 日），2018 年 10 月 31 日，《**FT 中文網**》，http://www.ftchinese.com/story/001080020?adchannelID=&full=y。

27　「美中貿易戰升級將給兩國經濟帶來負面影響」，2019 年 5 月 12 日，《**看中國**》。

28　「美中各退一步 阻貿易戰」（2018 年 4 月 6 日），2018 年 4 月 10 日，《**中時電子報**》，http://www.chinatimes.com/cn/newspapers/20180406000250-260202。

場出現了「股債雙殺」的局面。[29] 截至 10 月 26 日收盤，標準普爾 500 指數、道瓊工業指數、那斯達克指數分別叫年內高點下跌了 9.3%、8.4%、11.9%；同時，10 年期美國國債收益率則一路上揚，於 10 月 9 日升至 3.256% 高點，創下 2012 年以來的新高。

去年 12 月初，川習高峰會達成暫緩提高 2,000 億美元商品清單的附加關稅提高至 25% 之共識，緊接著密集展開貿易談判，引導市場樂觀氣氛，帶動股市上揚，尤其科技股領漲，今年 4 月底，美股三大股指收盤接近日高，標普指數和那斯達克指數均收在 100 日移動均線上方，是 2018 年 10 月以來首見。[30] 不過，好景不常，隨著貿易戰緊張情勢升高，自今年 5 月初開始，美股再度陷入震盪走低趨勢（圖 5-1）。

美國經濟成長動能減弱？

貿易戰火延燒，對美國企業海外業務的發展，以及美國經濟成長也將造成傷害。資料顯示，[31] 過去 20 多年來，美國大型上市公司每年的獲利成長，來自美國以外的海外市場占比超過一半，因此，可以預見，美中貿易戰若持續下去甚至惡化，勢必拖累全球經濟成長，進而不利於美國企業未來在海外的業務成長。

巴克萊銀行（Barclays）估計，美中貿易戰若無法簽署

協議以和平方式收場，戰火延宕的結果，可能會造成兩國至少 0.2% 到 0.4%，或甚至 1.0% 到 1.5% 的 GDP 損失。

　　國際貨幣基金（IMF）的研究指出，美國掀起的貿易戰爭，將導致美國的實際經濟成長率，2019 年將最多被挫低 0.9% 左右；除了提高關稅導致貿易流量停滯之外，金融市場的震盪和企業獲利惡化，金融機構提供融資將變得更慎重，最後可能導致企業的融資成本上升，進而不利於新增投資，也將對總體經濟產生負面影響。[32]

　　劉遵義的研究指出，[33] 大陸對美國的反制措施，對總值

NOTES

29　主要是因為雙方談判陷入膠著，美方的要價不斷加碼，以及美方談判態度曖昧，其底線與意圖難以掌握。參閱沈健光，「不要錯過貿易戰降溫的機遇期」，2018 年 10 月 31 日，《**FT 中文網**》。

30　「美中貿易戰與國際經濟前景」（2019 年 5 月 2 日），2019 年 2 月 15 日瀏覽，《**法廣**》，http://trad.cn.rfl.fr/ 中國 /20190205- 美中貿易戰與國際經濟前景。

31　「美中貿易戰對台灣產業的影響與機會」（2018 年 10 月 19 日），2019 年 1 月 25 日，《**工業技術研究院市場產業情報**》，https://www.itri.org.tw/chi/Content/NewsLetter/contents.aspx?SiteID=1&MmmID=5000&MSID=1002366424123146340。

32　中村亮，「IMF 預測：貿易戰最多拉低中美增長率 0.9%」（2018 年 9 月 25 日），2019 年 1 月 27 日瀏覽，《**日經中聞網**》，https://zh.cn.nikkei.com/politicsaeconomy/epolitics/32365-2018-09-25-09-09-26.html。

33　劉遵義，《**共贏：中美貿易戰及未來經濟關係**》，2019 年，第 4 章，頁 79-110。

1,100 億美元美國商品加徵進口關稅，若 1,100 億美元全部陷入停滯，則對美國 GDP 造成的直接最大損失大約為 0.34%。如果考慮到貿易戰的間接影響，則大陸對美國的反制將給美國 GDP 造成的最終損失可能達到 0.60%。不過，考量美國對大陸出口不太可能因貿易戰而全部停滯，例如，大陸很可能繼續進口美國的計算機晶片，美國遭受到的損失將比前述估計值小許多。

德意志銀行（Deutsche Bank）的研究報告指出，過去 17 個月來美國大打貿易戰，造成美國股市偏離正軌，股市報酬因而少賺 5 兆美元；儘管有諸多因素同時發揮作用，貿易戰無疑是阻止全球經濟復甦，以及導致美股區間震盪的關鍵因素。[34] 在貿易戰火全面開打的 18 個月之內，美國與中國的 GDP 成長率都將下跌 2 個百分點，該期間，美國經濟甚至可能出現負成長。[35]

美國智庫 Trade Partnership 應用全球貿易分析（Global Trade Analysis Project，縮寫 GTAP）可計算總體均衡模型，估算中美雙方互相加徵關稅，在 1-3 年內對於美國宏觀經濟的影響，今年 2 月間發表的研究報告指出，[36] 美國對全部中國大陸輸美商品加徵 25% 的關稅，將會使得美國 GDP 減少 1.01%，同時淨失去 210 萬個工作機會。

美國商會和榮鼎（Rhdium）集團也利用相同的模型估算中美貿易戰升級，對中美兩國宏觀經濟的影響，今年 3 月間公布的研究結果顯示，如果美國對全部中國大陸輸美產品

加徵 25% 的關稅，到 2025 年，美國的年 GDP 會減少 0.9%，而中國遭受的損失更大，每年 GDP 損失 1.2%。[37]

　　由於今年以來，全球經濟明顯降溫，貿易局勢充滿變數，美國第二季 GDP 折合年成長率約 2.1%，遠低於第一季的 3.1%，同時通膨率未達 2% 的預定目標，令美國官員憂心。[38]因此，美國聯準會在 7 月底宣布調降基準利率 1 碼，是在過去 10 年來的首度降息，顯示美國經濟已面臨下行風險，降息是為了支撐經濟並提振通貨膨脹的必要措施。

NOTES

34　「貿易戰 17 個月 美股少賺 5 兆美元」（2019 年 6 月 3 日），2019 年 8 月 25 日，《工商時報》，https://ctee.com.tw/news/global/100843.html。

35　「中美貿易戰 台灣最慘？ 25% 關稅對台灣影響全解析」（2019 年 5 月 15 日），2019 年 4 月 15 日，《今周刊》，https://www.businesstoday.com.tw/article/category/80392/post/201905150037/。

36　陸丁，「中美貿易戰，美方經濟損益知多少」（2019 年 6 月 5 日），2019 年 6 月 6 日，《FT 中文網》，http://www.ftchinese.com/story/001083036?adchannelID=&full=y。

37　陸丁，「中美貿易戰，美方經濟損益知多少」，2019 年 6 月 5 日，《FT 中文網》。不過，有研究指出，關稅不太可能對美中兩國經濟產生重大影響，美國減稅措施和更寬鬆的貨幣政策立場，以及中國大陸採取的刺激政策，都將減弱附加關稅的影響。

38　「聯準會降息替經濟打預防針 短期內恐難再降」（2019 年 8 月 1 日），2019 年 9 月 3 日，《中央社》，https://www.cna.com.tw/news/aopl/201908010021.aspx。

美國企業界的反彈聲浪逐漸升高

　　美國商會和榮鼎（Rhdium）集團的這份報告，還討論了貿易戰對於中美兩國間資通信產品和服務的產業鏈所造成的嚴重干擾作用，以及美國收緊對外來投資的安全審核，加強控制出口技術轉讓對美國生產力可能產生的負面影響，該報告的結論指出，美國如果基於國家安全和公平競爭的考量，限制對中國大陸貿易甚至試圖與中國大陸產業鏈脫鉤，必須嚴肅面對其負面經濟效應，並探討是否應該採取其他代價較小的手段。[39]

　　比較上述各家估計結果可以發現，針對美中貿易戰端造成的經濟後果，無論從微觀面觀察，究竟加徵的關稅是由供應鏈上哪一段承擔，誰分攤較多？或是從宏觀面評估，造成的經濟損益有多大？其實是眾說紛紜，莫衷一是。若以繁榮美國聯盟（Coalition for a Prosperous America）的研究為依據，川普政府堅定地對中國大陸極限施壓，並非毫無經濟理性可言。

　　不過，隨著貿易戰帶來的負面影響愈來愈明顯，美國國內傳出要求川普政府停戰的呼聲也愈來愈高漲。譬如，美國商會今年6月間敦促川普政府結束針對中國大陸的貿易戰，表示加徵關稅有可能在未來10年造成美國經濟損失1萬億美元。[40]

　　此外，超過170家美國鞋製品行業企業在今年5月下旬

共同發表公開信，要求美國政府把從美國進口的鞋製品，從擬加徵關稅清單中移除，認為加徵關稅的行為將傷害美國消費者和美國經濟。無獨有偶，包括美國最大零售商沃爾瑪在內的 600 多家美國企業在 6 月中旬，也曾聯名向川普陳情，呼籲停止與中國大陸的貿易戰。[41]

　　川普下令禁止對華為集團相關企業出售關鍵技術產品，受到波及的美國多家主要半導體公司紛紛表示反對。據媒體報導，[42] 美光、英特爾等多家領導企業，透過不把相關產品標記為美國製造，成功規避了川普政府的禁令，持續向華為供貨。美國高科技公司和 500 大企業也在不斷遊說、施壓美

NOTES

39　不過，繁榮美國聯盟（Coalition for a Prosperous America）的研究報告獨排眾議，認為貿易戰升級會對美國宏觀經濟產生正面效應。該項研究之所以得出如此樂觀的預測，主要是因為考慮了附加關稅對於國內生產增加的效益，以及預設貿易轉移會讓更低生產成本的國家承接從中國轉移出來的輸美商品生產。參閱陸丁，「中美貿易戰，美方經濟損益知多少」，2019 年 6 月 5 日，《**FT 中文網**》。

40　王輝耀，「G20 會晤對中美經貿關係的分析與建議」（2019 年 7 月 3 日），2019 年 7 月 3 日，《**FT 中文網**》，https://cn.ft.com/story/001083 464?page=4。

41　王輝耀，「G20 會晤對中美經貿關係的分析與建議」，2019 年 7 月 3 日，《**FT 中文網**》。

42　沈建光，「G20 後，中美關係走向何方」（2019 年 7 月 3 日），2019 年 7 月 3 日，《**FT 中文網**》，http://www.ftchinese.com/story/001083463 ?adchannelID=&full=y。

國政府。川普政府改變初衷，鬆綁對華為供應關鍵零組件，
不無可能是受到企業界反彈的影響。

第 6 章

全球貿易、投資、經濟成長都受影響

川普對中國大陸掀起貿易戰，可能讓全球貿易整體受到損害，因為做為全球最大的經濟體，美國的保護主義行動愈趨積極，可能導致其他國家基於自保，不得不築高貿易障礙，從而激起全球貿易保護主義更高的浪潮。

　　世界貿易組織（WTO）成立以來，全球貿易持續大幅成長。不過，平實而論，WTO 最根本的影響並不是貨物貿易本身，而是由此所衍生的全球投資，以及人才流動、技術的擴散；也就是說，該組織的貿易自由化機制，讓資金、技術、人才可以在全球自由流通，現代化企業經營管理模式可以任由複製，對發展中國家的企業和整體經濟的發展增添動力。

　　從這個角度來看，美中貿易戰若只侷限在兩國之間，基於附加關稅涉及的商品僅占全球貿易的一小部分，[1] 對全球經濟的衝擊面相對有限。但是在全球價值鏈緊密連結的格局下，美中兩大經濟體之間的貿易爭端，地球村中的每一個成員難免受到波及；而更讓人擔心的是，貿易戰不斷升級衍生全球貿易保護主義浪潮，甚至演變成多方參與的全面性貿易戰，既有的全球化遊戲規則遭到破壞，對全球經濟的衝擊就非同小可。

對全球經濟的衝擊不可小覷

　　此外，一旦美中雙邊貿易戰火延燒到貨物貿易以外的

領域，進入投資、人才流動、技術壁壘等領域，則可能影響跨國企業的投資意願，從而進一步延緩技術創新，弱化全球經濟成長動能。因此，一般認為，即便川普根據自己狹隘的衡量標準，可能打贏對中國大陸的貿易戰，但對全球而言，要付出的代價不只兩敗俱傷，更將摧毀創造價值的全球供應鏈，削弱全球經濟動能。

　　世界最大的兩個經濟體爆發貿易戰，必然波及全球經濟，但一般的看法卻相當分歧。主流的觀點認為，美中貿易戰將使全球經濟成長減緩，甚至將破壞現有的全球貿易體系；持不同觀點者認為，美中相互加徵對方製品的進口關稅，儘管會衍生一些貿易成本，並進一步對全球經濟造成的負面影響，不過，媒體所報導的關於貿易戰造成的傷害，有誇大之嫌。

　　從短期來看，全球經濟成長將受到衝擊，不過，在市場內在機制自動調節下，尤其在當今全球化的架構下，商品流通基本上沒有障礙，可以透過不同的途徑流動，尋找替代市場，因此，加徵關稅造成的負面衝擊將會比預期的小許多。長期而言，貿易戰或將使得美中雙邊貿易萎縮，但在貿易轉移效果之下，美中各自與全球其他經濟體的貿易將增加，因

NOTES

1　中國大陸對美國出口額占全球出口總額的比重，以 2017 年資料計算，約僅占 5% 左右。

此，美中相互加徵關稅對全球貿易的影響可能只在於市場結構改變。

平實而論，要準確判斷附加關稅的全面影響並非易事，譬如，附加關稅可能不利於出口商和消費者，不過，卻幫助了這些加徵關稅商品進口國的生產者，甚至進一步影響國內、國際投資，以及全球供應鏈結構。

此外，由於附加關稅扭曲了價格，長期而言，的確將造成效率的損失、不利於經濟成長，尤其貿易戰衍生的不確定性，對於企業投資的負面影響不可小覷。

貿易戰火延燒，將造成商品和金融市場動盪，企業投資或將趨於保守，對全球經濟穩定成長帶來壓力。摩根史坦利的研究報告指出，美國若對大陸 2,000 億美元產品進行關稅制裁，則將導致全球價值 4,610 億美元的貨物貿易受到衝擊，並將影響全球 2.5% 的貿易往來，以及 0.5% 的全球 GDP 成長。[2]

國際貨幣基金組織（IMF）在今（2019）年 5 月下旬的評論指出，[3] 美中貿易紛爭對全球成長的影響尚稱溫和，即使兩國已宣布或設想的附加關稅將擴大至雙邊貿易的全部，在短期內將使全球 GDP 下降 0.33 個百分點，其中一半的衝擊是來自商業和市場信心效應。但如果貿易緊張情勢繼續升級，則可能嚴重影響商業和金融市場情緒，破壞全球供應鏈，並進一步拉低全球成長。

IMF 警告說，美中之間的貿易戰將損害明（2020）年的

全球經濟成長；總裁拉加德（Christine Lagarde）在給日本
G20 峰會的簡報表示，川普威脅要對所有自中國大陸進口的
商品加徵關稅，最終將使得全球生產總值減少 0.5%，這個
規模相當於大約 4,550 億美元，比南非的經濟規模還大，必
須避免。[4]

全球貿易衰退、經濟成長動能減弱

　　經濟研究機構「牛津經濟公司」（Oxford Economics）
經濟專家也公開表示，美中之間所有貨品貿易若全遭關稅打
擊，將使全球 GDP 在 2020 年底前減少 0.5%；若升級為全
面性全球貿易大戰，則將引發全球性經濟衰退。[5]

NOTES

2　該項估計假設，美國對中國大陸進行關稅制裁的同時，也對其他國家發
　　動貿易戰。參閱「摩根斯坦利報告出來了：貿易戰對中國 GDP 的影響
　　有多大？」（2018 年 7 月 14 日），2018 年 7 月 15 日瀏覽，《財經網》，
　　http://economy.caijing.com.cn/20180714/4486122.shtml。

3　陸丁，「中美貿易戰，美方經濟損益知多少」（2019 年 6 月 5 日），
　　2019 年 6 月 6 日瀏覽，《FT 中文網》，http://big5.ftchinese.com/
　　story/001083036?full=y。

4　「IMF：美中貿易戰或削減全球經濟成長」（2019 年 6 月 6 日），2019
　　年 8 月 20 日瀏覽，《美國之音》，https://www.voacantonese.com/a/china-
　　trade-imf-economy-growth-tariff-20190605/4948061.html。

5　「川普如期上調關稅：2000 億和可能加碼 3250 億美元中國商品有哪
　　些？」（2019 年 5 月 10 日），2019 年 6 月 6 日瀏覽，The New Lens，
　　https://www.thenewslens.com/article/118680。

WTO、世界銀行和聯合國貿易發展會議（UNCTAD）不約而同，都對貿易戰表示反對和憂心。據 WTO 估計，自美中貿易爭端於 2018 年年中升級以來，抑制了全經貿活動、阻礙了企業投資，已使全球經濟成長明顯減緩。IMF 總裁拉加德認為，「中美之間的經貿緊張關係是對世界經濟的威脅，因此，他呼籲各國政府應積極消除貿易壁壘，並採取支持經濟成長的政策，包括利用常規和非常規貨幣政策、財政刺激措施。

世界銀行公布的《2019 年全球經濟展望報告》指出，[6]美中貿易戰給全球經濟帶來的緊張局勢加劇，投資放緩，全球經濟成長前景正邁向黑暗；美中貿易戰火持續延燒，不但兩敗俱傷，還將拖累全球；世銀警告，美中經濟成長同時減緩，對全球經濟前景的負面影響不能輕忽。因此，世銀對於今（2019）、明（2020）兩年全球經濟成長的預期，近期分別向下調整了 0.1 個百分點。

此外，讓世銀看淡今、明兩年全球經濟景氣的因素，還包括國際貿易和製造業活動陷入低潮；美中貿易摩擦不斷，造成國際金融市場動盪不安；部分新興市場大型經濟體經歷巨大的金融市場壓力，包括中國大陸、印尼、馬來西亞、菲律賓和泰國等，都出現不同程度的資金外流、本幣貶值、股市震盪及外匯儲備減少的困擾。

聯合國貿易和發展會議（UNCTAD）今（2019）年初發表一份名為《貿易戰：得與失》（*The Trade Wars : The Pain*

and the Gain）的報告，指出美國加徵進口關稅和中國大陸
的報復性行動，將引發導致全球經濟疲軟，影響非同小可。
企業傾向保守的調整措施將給全球經濟成長帶來壓力，出現
貨幣戰爭和貶值、滯漲、失業和更高失業率的問題。[7]

　　今（2019）年 7 月下旬，IMF 發布《世界經濟展望報
告》，再度下修全球經濟成長預測。由於美中兩大經濟體之
間針鋒相對的關稅戰，還有英國脫歐的不確定性，以及伊朗
受制裁後的油價波動等影響因素，最新的預測顯示，今、明
兩年全球經濟的成長率分別為 3.2% 和 3.5%，都較前一次公
布的預測值調降 0.1 個百分點，比 2018 年的成長率 3.6% 低
了許多，而 3.2% 的成長率已經創下 2009 年以來的新低。

　　美中貿易摩擦有增無減，造成國際股市動盪不安。具體來
說，去（2018）年 3 月 23 日，根據「301 調查」結果，川普
簽署了一份針對中國大陸的「經濟侵略」（China's Economic
Aggression）備忘錄，並表示將在 15 天內公布對中國大陸
600 億美元等值進口商品加徵 25% 關稅建議清單，隨即引來

NOTES

6　「美中貿易戰，世銀警告全球經濟黑暗將至」（2019 年 1 月 9 日），
2019 年 2 月 28 日瀏覽，《**中央社**》，https://www.cna.com.tw/news/
flrstnews/201901090011.aspx。

7　「美中貿易戰與國際經濟前景」（2019 年 2 月 5 日），2019 年 2 月 15
日瀏覽，《**法廣**》，http://trad.cn.rfl.fr/ 中國 /20190205 - 美中貿易戰與國
際經濟前景。

中國大陸以牙還牙的報復性關稅。美中針鋒相對,市場對兩國貿易戰的擔憂升高,因而造成全球股市重挫。[8]

國際股市起伏不定

德意志銀行(Deutsche Bank)的研究報告指出,若貿易戰全面開打,或將加劇國際資金抽離亞洲市場,流入美元避險,這個現象將使得那些本已難於控制本幣貶值的國家,面臨更大壓力。

美中相互加徵進口關稅,或將改變全球競爭力的格局,受惠最大的將是在未受關稅直接衝擊國家的企業。前引聯合國貿發會(UNCTAD)的報告同時指出,[9]美國對 2,500 億美元中國大陸商品加徵 25% 的進口關稅,在受到影響的中國大陸出口商品中,絕大部分(約占 82%)將被其他國家製造的商品所取代;同受關稅影響的價值 850 億美元美國貨品出口,其他國家則可拿下 85%。

受惠於貿易轉移效果利益的國家,最主要是歐盟,估計將達到 700 億美元;日本、墨西哥和加拿大受益的規模將分別超過 200 億美元。可以繼續由中國大陸企業占有的比例約僅 12%,美國企業可以取而代之的比重更少,僅 6%。

然而,聯合國貿發會的分析認為,儘管某些國家將因貿易轉移而獲益,但整體而言,全球負面影響可能會占主導

地位；尤其貿易戰對整個國際貿易體系將造成相當負面的影響，貧窮小國恐難以應付這類的外部衝擊，因此，美中貿易爭端對仍低迷的全球經濟而言，無疑是雪上加霜。

　　全球經濟若進一步衰退，難免會波及商品價格、金融市場和貨幣等領域；衍生的一個問題是，貿易緊張局勢是否演變成貨幣戰爭，使得各國以美元計價的外匯儲備縮水？貿易戰的貿易保護主義氛圍，是否引起更多的國家採取相關政策加入競爭，最後擴散至全球？令人關注。

　　有鑑於全球生產網絡帶來的鏈結和產業關聯效應，使得美中貿易戰影響的地域範圍，不只侷限在美國和中國大陸這兩造，實際的情況或將是，在全球價值鏈上的每一個國家都無法倖免受到波及。

　　在經濟全球化潮流下，國家市場的藩籬界線漸失，國際間之資訊擴散和技術交流迅速發展，製造能力及技術創新也

NOTES

8　例如，在亞太地區，香港恆生指數收跌 2.45%、周跌 3.79%；日經 225 指數下跌 4.51%、周跌 4.88%；韓國綜合指數跌 3.18%、周跌 3.10%；澳大利亞的 ASX200 指數下跌 1.96%、周跌 2.39%。歐洲三大股指也集體下跌，英國富時 100 指數、德國 DAX 指數周跌幅度分別達 3.38% 和 4.06%，指數分別創 15 個月和 12 個月新低；法國 CAC40 指數周跌幅度也達 3.55%。參閱「中美貿易戰的『七年之癢』 曾出現 5 次相同情形」（2018 年 3 月 24 日），2018 年 3 月 24 日瀏覽，《**Wind 資訊**》，http://ec.52hrtt.com/n/w/info/G1521795464263。

9　「美中貿易戰與國際經濟前景」，2019 年 2 月 5 日，《**法廣**》。

開始跨國分散化，結果，國際分工格局逐漸從過去線性架構下的水平分工與垂直分工概念，轉向網絡化發展。此一趨勢具體反映在跨國企業的資源布局多元化，以及以製造活動為基礎的廠商，經由專業價值與價值鏈整合能力，創造有利於競爭優勢的演變。

　　也就是說，跨國公司為了提升國際競爭力，將生產的流程做更精細化分割，同時生產組織也在地域上進行更高效的布局，結果，個別國家不再負責特定產品整個生產流程，而是運用其擁有的比較優勢，更專業化的負責生產流程中的某一段製程，形成產業價值鏈的全球工廠式布局。

衝擊面透過全球價值鏈擴散

　　在這樣的全球價值鏈體系下，美國對大陸發動貿易戰的行動，在產業鏈上任一個國家，都難免遭受波及。以蘋果iphone手機為例，該產品是在美國設計的，在全球化生產鏈中，中國大陸扮演的是下游組裝者的角色，只負責將大部分自境外進口的相關零組件組裝成為最終產品，再外銷至歐美市場。相關的零組件，有來自韓國的晶片、美國的螢幕，以及日本的關鍵零組件、台灣供應部分零配件。

　　根據統計，在中國大陸完成組裝的蘋果 iphone 手機，外銷美國的出廠價約為 240 美元，其中，關鍵零組件的組

成，來自美國和日本的部分占最大宗，分別為 28.9% 和 28.5%，來自台灣的部分占 20.1%、韓國 7% 左右、歐洲 2.7%，另有部分零組件無從辨識原產地，中國大陸組裝生產 的 iphone，其貢獻的附加價值其實只占 3.6% 左右。[10]

由此可見，美國對自中國大陸進口的商品進行制裁，加 徵關稅的結果若造成貿易量萎縮，受到衝擊的不只是中國大 陸的企業，在產業價值鏈上的相關企業，無論是否設廠在中 國大陸，都會受到衝擊。從 iphone 的例子來看，受到衝擊 最大的國家甚至是發動貿易戰的美國自己，日本、台灣、韓 國等高科技業者也遭到魚池之殃。

其實，進一步觀察可以發現，不乏其他與蘋果 iphone 手機類似的情況，也就是說，目前被美國列入貿易制裁清單 中的商品，中國大陸在全球價值鏈條中大都是扮演組裝者角 色，該等產品的利潤，大部分都被美國企業及其他產業鏈條 上的各國企業所賺取。

以計算機和電子設備領域來看，中國大陸出口美國的這 一類產品中，中國大陸自身貢獻的附加價值占不到一半；且從 中國大陸出口的相關產品，有超過一半是跨國公司在中國大陸

NOTES

10　「美媒終於算對了中美貿易這筆帳！」（2018 年 7 月 10 日），2018 年 7 月 10 日瀏覽，《**環球時報**》，http://news.sina.com.cn/c/zj/2018-07-10/doc-ihfefkqp7765567.shtml。

投資的事業生產的。因此，從這個角度看，受到貿易戰波及而蒙受經濟損失最大的國家，可能與川普的預期不盡相同。

理論上，美中爆發貿易戰爭，在全球價值鏈上的相關國家都難免遭受池魚之殃。不過，亞洲多數國家與美國的經貿關係非常密切，不只有直接貿易往來，也透過亞洲區域內供應鏈體系對美國間接貿易；美國已是亞洲各國商品外銷的主要市場，在雙邊貿易中美國一直存在巨額的貿易逆差，如果美中貿易戰沒有轉圜甚至更趨惡化，那麼亞洲經濟和資產市場可能受到嚴重衝擊。

亞洲國家中，南韓、馬來西亞、台灣、新加坡等國家的貿易體系較開放，出口占 GDP 比重，以及出口中轉運的比重都相對較高，且在國際供應鏈中占重要地位，尤其與中國大陸密切往來的國家，受到傷害的風險勢必較大。

以資通（IT）產品為例，亞洲經濟體中 IT 出口占各國總出口的比重，最高的是台灣和菲律賓，超過 40%；中國大陸和越南也占了約 23%；新加坡、馬來西亞、泰國和韓國的比重較低（低於 15%）。

亞洲周邊國家哀樂兩樣情

亞洲各國 IT 產業供應鏈縱橫交織，最終產品很大一部分是在中國大陸組裝生產，然後再出口至包括美國在內的第

三方市場，因此，如果貿易戰火升高導致美中雙邊貿易因而衰退的話，則包括亞洲各國的產品出口必然會受到影響。尤其台灣與南韓為中國大陸對美國出口提供了很多中間產品、零組件，同時也處在美國對中國大陸出口貨品的產業鏈中，美中兩國打貿易戰，台灣和南韓受到的衝擊是雙向的，在美中貿易戰爭中更顯脆弱。[11]

中國大陸周邊國家可能是受益者。首先，美中貿易戰火有可能導致中國大陸擴大與周邊國家之貿易，因貿易轉移效果而受惠。英國《經濟學人》（*The Economist*）雜誌的一篇文章指出，[12] 受美中貿易戰影響，美國可能增加自越南、印度、孟加拉及印尼進口低端產品之採購，如鞋類、玩具和紡織品等，較高端的產品如電子設備和機械等，美國則有可能增加自韓國、日本的採購量。

時序進入 2019 年，在中國大陸投資生產、以外銷為主的

NOTES

11　星展銀行的研究報告指出，以 2018 年經濟成長率來看，南韓將下調 0.4 個百分點，馬來西亞和台灣將分別損失 0.6 個百分點，新加坡損失更大，將達 0.8 個百分點。如果貿易戰火持續延燒，衝擊的程度可能擴大一倍。參閱「摩根史坦利報告出來了：貿易戰對中國經 GDP 的影響有多大？」（2018 年 7 月 14 日），2018 年 7 月 15 日瀏覽，《**財經網**》，http://economy.caijing.com.cn/20180714/4486122.shtml。

12　「中美貿易戰改變亞洲供應鏈及貿易路線」（2018 年 11 月 11 日），2019 年 4 月 4 日瀏覽，《**大紀元時報**》，https://hk.epochtimes.com/news/2018-11-11/43222637。

企業，面臨訂單下滑的困擾愈來愈明顯。為減少地緣政治風險和降低成本，包括美商企業在內的許多外國客戶，已經在其他國家，如台灣、墨西哥、越南、韓國等尋找替代來源。

標普全球市場財智（S&P Global Market Intelligence）關係企業的一份研究報告指出，[13] 今（2019）年第一季美國從中國大陸進口的貨櫃裝運貨物減少了 6.4%。以傢俱為例，宜家（IKEA）、家得寶（Home Depot）、塔吉特（Target）和 Room to Go 等零售商，今年第一季進口的中國大陸製傢俱減少了 13.5%，但從越南進口的傢俱則大增 37.2%，從台灣進口的傢俱同期間也增加了 19.3%。

類似的情況出現在家電產品和輪胎。今年第一季美國從中國大陸進口的冰箱和輪胎，分別減少了 24.1% 和 28.6%，而從韓國和墨西哥進口的冰箱，同期間分別增加了 31.8% 和 32%，從越南進口的輪胎增加了 141.7%，這種訂單轉移現象，與供應商重新安排供應鏈有關，當然也不排除是因進口商轉移替代貨源的結果。

美中貿易戰火延燒，可能會讓歐洲、北美和日本的企業搶占先機，因為與他們競爭的中美兩國企業，到對方做生意時將面臨更大的障礙。[14] 德意志銀行的研究顯示，附加關稅將使中國大陸輸美商品成本提高，中國大陸企業在美國市場做生意越來越難，可能會讓具地理優勢的墨西哥所取代，加拿大和歐元區也可能獲益。在另一方面，歐洲和日本企業在爭奪中國大陸市場份額方面可能獲得優勢，尤其將取代美國

汽車、飛機和化學品供應商。

貿易戰火改變了全球供應鏈結構

日本野村控股的調查研究發現，[15] 美中貿易戰改變全球供應鏈的趨勢愈來愈明顯，美中兩國紛紛將訂單轉移到別的國家。獲得美中兩國轉單金額占各該國 GDP 的比重最高的國家，依序為越南、台灣、智利、馬來西亞和阿根廷。其中，台灣和越南主要受惠於美國的訂單轉移，而其他三個國家則受惠於中國大陸的訂單轉移。依產品別來看，美國轉單的產品主要為電子產品、傢俱及旅遊用品等，中國大陸轉單的產品主要為黃豆、飛行器、穀物及棉花等。

其次，中國大陸境內一些無法承受附加關稅的企業，無

NOTES

13　「貿易戰改變美國部分受關稅影響產品的進口來源」（2019 年 4 月 11 日），2019 年 4 月 20 日瀏覽，《**路透社**》，https://www.reuters.com/ article/us-china-trade-war-import-sources-0411-idCNKCS1RN01V。

14　「中美貿易戰誰將漁翁得利？」（2018 年 9 月 21 日），2018 年 10 月 30 日瀏覽，《**FT 中文網**》，http://big5.ftchinese.com/story/001079530? full =y&archive。

15　「日本野村證券：中美貿易相爭，台灣、越南、智利得利」（2019 年 6 月 6 日），2019 年 8 月 22 日瀏覽，《**風傳媒**》，https://www.storm. mg/article/1360524。

論是外資或內資企業，可能會將生產活動轉移至周邊國家，出現投資轉移效果。

美中貿易戰爭導致成本攀升，將造成企業從現有東亞供應鏈轉向。華南美國商會的一項調查研究發現，[16] 在中國大陸投資的美商認為，他們在美中貿易衝突中受害程度比來自其他國家的企業更高些；受訪企業中，有超過七成考慮暫停後續投資；有將近三分之二的美商表示，考慮將部分或所有生產線轉移到其他國家，其中東南亞地區最受青睞。

亞洲開發銀行（Asian Development Bank, ADB）發布研究報告指出，中國大陸企業去（2018）年對亞洲開發中國家（不包括中國大陸本身）的綠地投資（greenfleld investment）總計高達 549 億美元，較上年度大幅成長了將近 200%。[17] 儘管近年來中國大陸積極深化與亞洲新興國家之投資連結，但去年的投資成長速度超乎平常，顯然與美中貿易戰因素有關。

中國大陸對亞洲新興國家之投資，主要集中在東南亞國家，涵蓋的行業領域非常廣泛。其中，到越南、馬來西亞投資的行業，以機械和電子業居多；到新加坡投資的企業，主要為軟體和電子業；到菲律賓的投資，集中在金屬和碳氫化合物產業；到哈薩克和孟加拉等地的投資，主要為紡織業。

美中貿易爆發之後，在中國大陸投資的企業紛紛遷往越南、菲律賓、印尼、孟加拉等，尚未遭到美國關稅襲擊的亞洲新興國家避險，已經使得亞洲區域的商業版圖逐漸改觀。ADB 的研究報告指出，亞洲開發中國家接收來自中國大陸

的綠地投資占比，在 2018 年間達到 60%，遠超過 2011-2017
年的 40% 平均值。

在中國大陸採取反制的關稅措施後，美國企業也在縮減
對大陸的投資規模，轉移至其他國家生產。2018 年資料顯
示，美國對中國大陸以外的新興亞洲大舉進駐投資，當年的
綠地投資金額高達 37 億美元，年成長率 71%。

隨著貿易戰緊張情勢不斷升高，尤其 25% 的附加關稅，
對於在中國大陸投資設廠、多年來深受成本上升之苦、利潤
微薄的外向型製造業而言，基本上是難以承受的，因此，一
些企業的應變策略之一是，選擇將部分或全部產能轉移至境
外，特別是第三方國家，以規避附加關稅造成的衝擊。

東協等新興經濟體的機會與挑戰

基於地緣關係，也因為具備成本優勢，東南亞和南亞地

NOTES

16　「美中貿易戰效應 台商回流美商轉移」（2018 年 10 月 30 日），2019
　　年 2 月 28 日瀏覽，《**BBC 中文網**》，https://www.bbc.com/zhongwen/
　　trad/46032549。

17　綠地投資是指，外國投資者在東道國境內的投資從零開始。參閱「貿
　　易戰重塑亞洲樣貌！ ADB：陸對新興亞洲投資飆 200%」（2019 年 4
　　月 3 日），2019 年 4 月 4 日，《**Money DJ 新聞**》，https://m.moneydj.
　　com/f1a.aspx?a=25adf779-64a6-438a-bf55-f4cd465164b7。

區，除了新加坡的成本偏高和以油氣相關產業為經濟核心的汶萊之外，都成為中國大陸企業轉移產能的主要去處。因美中貿易戰持續升溫，這些國家在一夕之間爆紅，原本沉寂的工業園變得炙手可熱，同時園區的地租、廠房租金也跟著水漲船高。

東南亞的這些國家之所以吸引中國大陸企業來投資，具備的優勢除了勞動力成本低之外，更重要的是這些國家和美國、歐盟、日本、澳洲、紐西蘭、印度等簽署了自由貿易協定（FTA），還有跨太平洋夥伴全面進步協定（Comprehensive and Progressive Agreement for Trans-Pacific Partnership，縮寫 CPTPP）、[18] 區域全面經濟夥伴協定（Regional Comprehensive Economic Partnership，縮寫 RCEP）等多邊自貿協定的加持，[19] 部分經濟發展水準較低的國家又可以受到普惠制的照顧。[20]

不過，相較於中國大陸的經營環境，東南亞這些國家仍有許多不足之處，譬如，供應鏈的完整性不如中國大陸，在當地投資設廠，所需的原材料、半成品大部分仍得從中國大陸進口；還有當地的基礎設施、商業制度、政府治理效率等都有待提升；勞動力供應方面，工資雖然比中國大陸便宜一些，但勞工的素質和勤奮的態度無法與中國大陸的水準相提並論。

美中貿易戰引起的企業遷移朝，堪稱是繼中國大陸 2001 年加入 WTO 以來，又一次最大的跨境產業轉移，亞洲供應鏈體系已逐漸改變。惟必須指出的是，遷廠是一件大工程，

涉及資金籌措、尋找合適的供應商和新的物流程序，以及對新環境的法令制度、政商關係、商業文化等，因此，從中國大陸撤離必然是一漸進的過程，而且充滿不確定性，尤其對高技術含量、高附加價值產品更是如此。

　　包括東協國家在內的新興經濟體，在美中貿易戰過程中，儘管因轉單效應和投資轉移作用而有獲益，不過，相關國家的經濟成長也面臨一些風險，譬如中國大陸受到貿易戰的打擊，經濟成長減緩，需求減弱；還有美元持續走強，引發國際熱錢流動和金融市場波動；美中貿易戰衍生的全球保護主義風潮、全球經濟成長動能減弱等，這些不確定因素都將給新興經濟體經濟穩定成長帶來挑戰。

NOTES —————————————————————————————

18　CPTPP 最初是由亞太經濟合作會議成員發起，從 2002 年開始醞釀的多邊組織，原稱跨太平洋夥伴關係協定（The Trans-Pacific Partnership 縮寫 TPP），旨在促進亞太地區貿易自由化。嗣因美國退出，TPP 改組為 CPTPP，2018 年 3 月 8 日在智利聖地牙哥正式簽署協定，並於同年 12 月生效實施。締約成員包括澳洲、汶萊、加拿大、智利、日本、馬來西亞、墨西哥、紐西蘭、祕魯、新加坡及越南等 11 個國家。

19　RCEP 是由東協 10 國發起，由中國大陸、日本、韓國、印度、澳洲、紐西蘭等已經與東協有自貿協定的六個國家共同組成的高級自貿協定，已經談判多年，目前仍在進行中。

20　普惠制（Generalized System Preferences，縮寫 GSP）垂普遍優惠制，是全世界 32 個已開發國家對發展中國家出口產品給予的普遍性、非歧視性、非互惠的優惠關稅，是在最惠國關稅基礎上進一步給予減稅或甚至免稅的一種特惠關稅，旨在協助受惠國擴大出口，促進工業化和經濟發展。

　　此外，值得一提的是，相關產業自中國大陸轉移過來的同時，也將對美國出口的實績帶過來，長期而言，包括東協在內的新興經濟體，接收了中國大陸對美國的貿易順差，會不會成為未來美國貿易制裁的對象，值得進一步觀察。

第 7 章

台灣受到的
衝擊與因應

在全球化潮流下，國際分工愈來愈精密，大部分產品從設計、生產、加工製造，到物流、運籌等一系列流程，都分散在不同的國家完成；具小型開放特質的台灣高度融入國際產業分工體系，在全球價值鏈（Global Value Chain）上占有重要地位。有鑑於此，美中貿易戰，儘管台灣不是當事的主角，但由於中國大陸是台灣第一大貿易夥伴，是台商在海外投資最聚集的地區，兩岸經濟早已形成複雜且緊密的產業網絡，雙邊經濟關係非常密切，直接或間接都難免遭受美中貿易爭端的影響。

在全球布局版圖中，台商將中國大陸定位為生產基地，加工製造所需的原材料、半成品和零組件，很大部分從台灣採購，終端產品主要銷往第三國，特別是美國市場。因此，美國對中國大陸進行貿易制裁，台灣絕對無法倖免。

大陸台商身處在美中貿易博弈暴風圈內，首當其衝。根據相關資料顯示，[1] 中國大陸對美國出口前 10 大企業都是外資企業，其中，有 8 家是台資企業，1 家新加坡企業，1 家美國企業；中國大陸對美國出口的百大企業中，台資占近四成（合計外資占七成、陸資僅占三成）。

大陸台商首當其衝

以通訊、資訊電腦相關產品為例，美國主要進口商為美

商蘋果（Apple）、美商惠普（HPI）和戴爾電腦（Dell）；
供應商主要是在中國大陸投資的台資企業。這些以美國市場
為主的台商，即便可以承受美國對中國大陸貿易制裁第一波
或第二波的衝擊，當美國擴大對中國大陸貿易制裁的規模，
毛利偏低的台商恐無法承受，最終可能被迫退場。

受到衝擊的廠商可能遍及各行各業，尤其對從事涉及貿
易制裁清單產品貿易的企業影響更大，無論直接或間接的衝
擊；也不論是製造商或貿易商（例如是分銷商、進口商或出
口商）、服務供應商。直接的衝擊主要是因出口或進口相關
業務，直接與美方往來；間接的衝擊是因透過第三方與美國
有業務往來。

譬如，大陸台商製品，儘管不是直接出口美國，但若是
供應給中下游廠商加工製造後以外銷美國市場為主，仍將受
到間接衝擊。同樣的，座落在台灣的企業，將中間製品出口
到大陸，無論供應給台資、外資或本地中資企業，只要加工
製造的產品銷往美國，且在美國公布的制裁清單中，都難免
間接受到影響。[2]

中美貿易戰對台灣和大陸台資企業造成間接衝擊，主要

NOTES

1　「貿易戰煙硝裡的台商大迷航」（2018 年 7 月 7，2018 年 7 月 11 日瀏覽，
　　《**多維新聞網**》，http://blog.dwnews.com/post-1037694.html。

2　根據經濟部統計，台商在海外生產所需原材料、半成品或零組件，由台
　　灣供應的比率，按家數計算約占 38.7%，按金額計算約占 23.8%，顯示
　　海外生產業者仍與台灣保持生產連結。

來自三角貿易型態，也就是「台灣接單，中國生產，製成品銷往美國」的交易模式。根據經濟部統計，[3] 美國是台灣最大的外銷訂單來源，去（2018）年金額為 1,463.4 億美元，占當年全年外銷訂單總額的 28.6%，主要為資訊通訊、電子、光學、電機及機械等貨品；來自大陸及香港的外銷訂單 1,302.3 億美元，排名第二，占 25,4%。

不過，根據財政部海關統計，去年台灣對中國大陸（含香港）之出口金額 1,363.5 億美元，占當年台灣出口總額 41%，是台灣最重要的出口市場；[4] 而對美國出口金額僅 396.9 億美元，占 11.8%。比較台灣來自美國之外銷訂單金額與出口至美國之金額，去年出現的差距超過 1,000 億美元，主要就是企業操作「台灣接單、中國生產、賣到美國」的三角貿易模式使然。

根據經濟部統計處調查資料，[5] 去年全年台灣外銷訂單中，平均 52.13% 選擇在海外生產。[6] 就不同產業別觀察，外銷接單選擇在海外生產的占比，資訊通訊業最高，達 94%，其次是電機業，占 74.3%；外銷訂單金額排名第二的電子類產品，也有 44,6% 選擇在海外生產。另依據經濟部 2018 年 6 月所做的廠商問卷調查，發現約有 74.6% 在海外生產的產品，轉銷至第三國，其中，資通訊及機械類產品之比例更高達 87% 左右；只有 20.7% 供當地銷售，回銷台灣的比重還不及 5%。

從廠商外銷訂單海外生產實況調查資料分析，可以發現台商深陷美中貿易戰爭漩渦中。中華經濟研究院在 2018

年 11 月間的問卷調查發現，[7] 有八成的製造業廠商受訪時表示，美中貿易爭端對公司訂單、產能或營運造成影響；其中，表示「訂單與客戶流失」的廠商占全部受訪廠商的比重高達 44.8%，較半年前的 28.5% 高出許多，顯示中美貿易戰對台灣製造業廠商的負面效應愈來愈明顯。

貿易戰升級台商受到之衝擊擴大

　　中華經濟研究院之調查研究同時發現，有 54% 受訪的製造業者表示已經或開始計畫採行因應對策，其中高達 95.8% 受訪企業選擇「調整營運或採購供應政策」，有 68.3% 選擇

NOTES

3　經濟部統計處，《**108 年外銷訂單海外生產實況調查**》，該項調查自 2001 年開始辦理。

4　「美中貿易戰升級 台灣國安首長會議評估影響」（2018 年 6 月 20 日），2018 年 7 月 11 日瀏覽，《**自由亞洲電台**》，https://www.rfa.org/ mandarin/yataibaodao/gangtai/hcm1-06202018102411.html。

5　經濟部統計處，《**108 年外銷訂單海外生產實況調查**》。2001 年外銷訂單海外生產比重不到 20%，2006 年間驟升逾 40%，此後逐年上升，到 2015 年間達到 55.1% 高峰，近年來略有回落。

6　經濟部，「107 年 12 月份外銷訂單統計」，108 年 1 月 21 日，表 11。

7　「美中貿易戰 僅 12% 台商匯回流台灣」（2018 年 12 月 19 日），2019 年 1 月 25 日瀏覽，《**Money DJ 新聞**》，https://blog.moneydj.com/ news/2018/12/19/。

「透過既有產線分散出口地移轉訂單」，有 43% 選擇「改變投資、遷廠和服務據點策略」。

如前一章所述，去年美國對中國大陸製品 500 億美元加徵 25% 進口關稅，主要為中間財和資本財；又 2,000 億美元商品的附加關稅初期僅 10%，因此，該兩波制裁儘管對大陸台商造成壓力，帶來痛苦，但大致上還在可以承受的範圍。

不過，隨著貿易戰情不斷升高，對 2,000 億美元中國大陸貨品附加的進口關稅，已自 2019 年 5 月 10 日起提高至 25%；今年 8 月間，川普政府再宣布對尚未加徵關稅的 3,000 億美元實施制裁，8 月底公布的訊息顯示，3,000 億美元的附加關稅為 15%，而稍早的 2,500 億美元商品附加關稅提高至 30%。

川普政府對中國大陸的貿易制裁行動不斷加碼，目前已擴大涵蓋全部的貿易商品，對台灣相關業者，尤其科技代工業者的衝擊擴大。

已納入 2,000 億美元制裁清單的產品，以電子產業為例，受到較大衝擊的，主要包括顯示卡、主機板、伺服器、桌上型電腦及 NB 的擴充基座、網通產品中的 PON（被動式光纖網路）、線纜 AOC（主動式光纖傳輸線），以及連接器等相關業者。川普加碼 3,000 億美元的制裁清單中涵蓋手機、筆記型電腦等消費性產品，加徵進口關稅已付諸行動，所謂的蘋果概念族群勢將受到重傷害。

身處在美中貿易戰暴風圈中，原本毛利愈低的業者，承

受傷害的能耐相對較低，採取應變的必要性愈見迫切。一般而言，居產業鏈上游的行業，毛利率較高，可能超過 25%，承擔附加關稅的能力也相對較強，例如大立光、台積電等。[8]

對位居產業鏈中游的業者而言，例如友達、群創等面板業，毛利率或可能不如上游業者，比如說可能在 10%-25% 之間，承擔附加關稅的能力有限。至於在產業鏈下游的業者，例如鴻海、仁寶、廣達等加工組裝業，其毛利率可能低於 10%，承受附加關稅的能力不足，易受品牌大廠客戶的影響。

關於台商如何應變美中貿易戰帶來的衝擊，毛利較高的企業，主要是維持現況不變，或從全球佈局思考重新配置生產據點；毛利較低的企業，可能的策略之一是調整其在全球各生產據點產能配置，異地備援，或與下游客戶一起行動，轉移產能。不過，對規模較小的中小型企業而言，可運用的資源有限，應變能力較差，或將面臨縮小規模，甚至關廠、歇業的下場。

值得一提的是，有部分台灣企業同時在兩岸投資設廠，其中在中國大陸投資生產的產品，以供應本地內需市場為

NOTES

8　「《台柬越中四國直擊》中美貿易戰延長賽，台商動向大追蹤 台商撤逃中國 倒數 90 天」（2018 年 12 月 12 日），2019 年 6 月 15 日瀏覽，《**商業週刊**》第 1622 期，https://www.businessweekly.com.tw/magazine/Article_mag_page.aspx?id=68472 。

主，外銷到全球各地市場的產品則是由台灣廠生產，較具規模的企業，譬如精密機械業的上銀科技、友嘉實業等，早已進行全球布局，在全球各地都設有生產據點，因此，美中貿易戰對這類型企業的影響不大。

採「台灣接單、海外生產」經營模式的廠商，近幾年來，外銷訂單在國內生產的比率逐年小幅增加，主要是因在中國大陸生產的比率逐年降低，這種現象或與中國大陸生產成本上升、經商環境變化有關。

今（2019）年前八個月外銷訂單在台灣生產的比率再創新高，達 49.5%，較上年度增加 1.6 個百分點（表 7-1），可能是受到美中貿易戰因素的影響。在各行業中，資訊通信產品、光學器材等外銷訂單在台灣生產比率提高的幅度最為明顯；基本金屬及其製品、電子產品居次。其他類產品外銷訂單在台灣生產的比率則大致維持不變。

短期因應主要為彈性調配各地產能

《商業周刊》調查台商相關的產業供應鏈，發現各大廠跨國調配產能已如火如荼在進行；[9] 有不少台商是因為美國客戶的要求，才考慮離開中國大陸，到第三地投資設廠。例如越南，當地的台商聚落已頗具規模，又是 CATPP、RCEP 的締約成員，與歐盟也簽署了自由貿易協定，將於 2019 年

表 7-1　台灣外銷訂單台灣生產比率變化

單位：%

	2010	2015	2016	2017	2018	2019 (1-8)
合計	49.6	44.9	45.8	46.8	47.9	49.5
資訊通信產品	15.2	7.4	6.6	6.5	6.0	8.2
電子產品	50.5	49.2	53.0	54.5	44.6	55.8
光學器材	43.4	49.1	52.7	54.3	56.9	59.3
基本金屬及其製品	85.5	85.3	86.9	90.9	91.2	92.9
塑膠橡膠及其製品	81.4	85.8	89.6	91.4	91.6	90.9
化學品	79.8	78.9	80.8	82.9	85.2	85.4
機械	78.1	79.6	84.0	86.4	86.0	85.8
電機產品	41.4	33.0	29.4	25.9	25.7	25.8

說　　明：按受訪廠商海外生產金額計算。
資料來源：經濟部，「107 年 12 月份外銷訂單統計」，表 11 資料整理。

NOTES

9　「《台東越中四國直擊》中美貿易戰延長賽，台商動向大追蹤 台商徹逃
　　中國 倒數 90 天」，2018 年 12 月 12 日，《**商業週刊**》第 1622 期。

生效實施，成為台商分散生產的首選。

越南之外，東南亞的柬埔寨、緬甸，南亞的印度，還有北美洲的墨西哥等，也成為近年受到大陸台商青睞的海外投資地點。這種現象顯示，過去大規模、集中製造的營運模式，似乎正在悄悄地朝向跨國分散的生產聚落發展。

專業音響設計及開發新 CE 電子產品的喬暘電子，是全球市占率前五大的喇叭及音響組裝公司，在中國大陸的深圳、蘇州已有兩個廠。近期決定到越南投資設廠，就是採取兩地供應鏈整合模式，在越南生產的終端產品，採購中國大陸製造的零組件，在附加價值中之占比控制在 65% 以下，達到實質改變原產地，同時有效降低生產成本的目標。

台達電為全球電源龍頭，2017 年 4 月啟動組織改造，以「電源及零組件」、「自動化」與「基礎設施」為公司新三大業務範疇。考量公司業務已受到美中貿易戰端之干擾，需要更靈活運用多元產能來因應，曾經評估到越南或緬甸設廠，嗣因對當地組裝業供應鏈交貨時效有疑慮，決定放棄全新的投資案，改收購已持股約 20.93% 的泰國泰達電（Delta Electronics,Thailand,DET）在外流通的 79.07% 股權，完成收購後台達電對 DET 持股將達 100%。[10]

DET 主要業務為生產電源供應器、電源系統與汽車電子等產品，其產能可望提供給台達電更多彈性空間調整出貨。公司認為，收購已經具有相當規模的 DET，比前往其他地區如越南、緬甸等地另起爐灶、從零開始更具成本效益，同時

也可做為攻占東協和鄰近的印度市場之基地。

　　為了因應美中貿易戰爭，和碩聯合科技公司表示已啟動內部機制，評估分散產能方案；除中國大陸產能，為因應外在環境變化，已規劃短期內在台灣、墨西哥、捷克增加產能；長期而言，也可能選擇在東南亞或印度投資設廠。[11]

　　此外，類似精密機械業在兩岸布局的模式，[12] 工業電腦大廠研華公司，早期到中國大陸投資設廠，考量的是為了接近市場、就近服務中國大陸客戶，目的不在於利用中國大陸低廉生產要素，降低成本。該公司目前在中國大陸（昆山）投資的產能約占公司全部的 25%，主要供應中國大陸內需市場；高單價、高毛利產品則都還留在台灣生產，從台灣外銷到全球各地。近年來，美國力推「再工業化」，吸引美商跨國企業回美投資，加上美中貿易戰火延續不斷，促使研華決定大舉擴大在美國投資，直搗美國市場。

NOTES

10　「因應中美貿易戰，台達電砸 21.4 億美元收購泰達電」（2018 年 8 月 6 日），2018 年 9 月 4 日瀏覽，《**Money DJ 理財網**》，http://blog. moneydj.com/focus/34095/。

11　王郁倫，「智慧手錶、音箱恐因中美貿易戰加稅，看廣達、仁寶、和碩如何應戰」（2018 年 8 月 9 日），2018 年 9 月 6 日瀏覽，《**數位時代**》，https://www.bnext.com.tw/article/50191/trade-war-compal-back-to-taiwan-pegatron。

12　劉麗惠，「美中貿易戰掀起驚滔駭浪台灣 衝擊有多大？機會在哪裡？」，《**貿易雜誌**》129 期，2018 年 11 月，2019 年 4 月 15 日瀏覽，http://www.ieatpe.org.tw/magazine/ebook329/storypage02.html。

　　大陸台商遷移到第三地投資，有的採整廠輸出，有的結合中國大陸和第三地國家的資源，透過供應鏈的整合、管理，不但能規避美國附加關稅，甚至可以降低成本，創造更大獲利空間。

台商強化產能多元化布局的行動

　　相關業者除了忙著盤點全球生產據點應變彈性，也慎重評估重返台灣擴廠可行性。從原有的產線進行擴產，是最快、且較節省成本的方式。據媒體報導，已有不少網通業者一面出口給美國客戶，一面在研擬往東南亞移廠，或回台灣擴大生產。[13] 寬頻設備商中磊電子已經決定在竹南廠啟動一條新生產線，估計因此可增加一倍的產能，同時也不排除評估到東南亞投資設廠；智邦新建竹南、苗栗廠，啟碁也增加台灣南科及越南產能。

　　對紡織業而言，由於毛利一般都不高，附加關稅如果是25%，根本難以負荷。面對美中貿易戰之變局，紡織相關業者採取了「產地互補、截長補短」的策略，也就是在中國大陸的產能出口美國受阻，改做中國大陸內需市場彌補；美國市場的需求，則利用在其他國家已經布局的產能因應。

　　轉移生產基地是一個可行的策略選擇，有能力的大廠早已進行全球布局，在歐洲、拉美或東南亞等地投資設廠，貿

易戰因素則使得海外投資計畫加速進行。

　　不過，一般而言，由於遷廠是個大工程，涉及資金籌措、配套的供應鏈體系、尋找合適的地點、所在地法規制度之掌握等，非一蹴可幾，可能緩不濟急。以機械業的經驗來看，為因應美中貿易戰風險，台灣廠商開始轉移生產線到東南亞國家，至少需要 6 個月時間才能就緒，正常情況下需要 1 到 2 年。[14]

　　另外，也不是每個企業都做得到。譬如面對貿易戰，終極的解決方案是移到美國，鴻海在美國投資設廠就是基於這樣的考慮，這種模式對中小型企業而言，由於可掌握的資源有限、跨國經營經驗較欠缺，很難複製。

　　東道國供應鏈的完整性則是另一個考量的重點。許多科技大廠在中國大陸紮根已超過 20 年，在中國大陸當地已建立完整的產業供應鏈，不太可能說移就移；退一步說，即便把工廠撤離中國大陸，比如到東南亞地區，要在三五年內從無到有建立完整的供應鏈，幾乎不可能，還是得利用原來的

NOTES

13　「25% 關稅大刀若落下 台商：三成會收掉！」（2019 年 5 月 8 日），2019 年 6 月 6 日瀏覽，《商業週刊》第 1643 期，https://www.businessweekly.com.tw/magazine/Article_mag_page.aspx?id=69375。

14　「貿易戰仍存不確定性 機械業陰霾中見曙光」（2019 年 4 月 5 日），2019 年 6 月 15 日瀏覽，《**中央社**》，https://www.cna.com.tw/news/afe/201904050030.aspx。

供應鏈,自中國大陸採購中間製品。這些調整勢必造成額外的成本負擔。

中華經濟研究院最新的調查研究發現,[15] 有 55.8% 的受訪廠商考慮「改變投資、遷廠與服務據點」,其中,考慮將生產基地轉移至中國大陸以外地區的台商,只有 18.9% 的受訪企業表示正在評估回台投資設廠,雖然比半年前的調查結果多出 6.6 個百分點,但相較於考慮遷廠東協國家的業者所占比重 27.6%,仍然低一些。大陸台商遷移至台灣和東協地區投資的比重持續上升,顯示亞洲供應鏈重整仍在進行。

將近六成的受訪廠商表示不考慮在台灣新增產能、服務據點和新投資,或許是因為其產品的製程偏勞動密集性,不適合在台灣紮根,但也有不少台商認為台灣的市場規模不夠大,尤其抱怨台灣的經商環境不佳,譬如土地、水、電力、人才和勞工等「五缺」問題一直沒有獲得有效解決,還有政策不確定性等,較令人憂心。

美中貿易戰拖累台灣經濟成長?

貿易戰火延燒,不但造成中美兩國經濟雙輸,全球市場同樣受到傷害。台灣是個小型高度開放的經濟體,2017 年資料顯示,進出口貿易總值占 GDP 的比重高達 145%,容易受到全球經濟景氣波動的影響,同時也容易受到美中兩大經

濟體貿易爭端所波及，因為台灣出口最重要市場就是中美兩國，大多數的台灣企業的生產基地又集中在中國大陸。

　　亞洲開發銀行在今（2019）年 4 月初發布研究報告指出，受到中美貿易戰的拖累，今年整體亞洲地區的 GDP 成長率將從 2018 年的 5.9%、2017 年的 6.2% 減緩至 5.7%，2020 年將進一步下降至 5.6%，創 2001 年以來新低。台灣也將成為中美貿易戰的受害者，預估今（2019）年 GDP 成長率，將從 2018 年的 2.6% 縮減至 2.4%，並於明年進一步減緩至 2%。[16]

　　針對中美貿易爭端對全球與台灣可能的影響，工業技術研究院的研究也指出，依美國所公布的前兩波貿易制裁清單（500 億美元）來看，主要為傳統相關產業之產品，對台灣出口影響有限（不包含海外生產的台商）。[17] 以電子產業為例，短期內衝擊不明顯，主要是因為部分廠商在台灣與中國

NOTES

15　「中經院最新調查 中美大戰 台灣 東協最受惠」（2019 年 7 月 19 日），2019 年 9 月 3 日瀏覽，《**中時電子報**》，https://www.chinatimes.com/newspapers/20190718000248-260202?chdtv。

16　「貿易戰重塑亞洲樣貌！ADB：陸對新興亞洲投資飆 200%」（2019 年 4 月 3 日），2019 年 4 月 15 日瀏覽，《**Money DJ 新聞**》，http://blog.moneydj.com/news/2019/04/03/。

17　蘇孟宗、岳俊豪、葉立綸、劉名寰，「美中貿易戰對台灣產業的影響與機會」（2018 年 10 月 19 日），2019 年 1 月 25 日瀏覽，《**工業技術研究院市場產業情報**》，https://www.itri.org.tw/chi/Content/NewsLetter/contents.aspx?SiteID=1&MmmID=5000&MSID=1002366424123146340。

大陸都有生產線，可以隨時彈性調整分配產能。而與台灣產業關聯較深的石化、鋼鐵、機械等行業，多數台商在中國大陸生產的產品，主要是提供中國大陸內需市場，一般認為，對台灣造成衝擊的層面和程度較小。

不過，隨著貿易戰升級，美方實施貿易制裁規模已由最初的 500 億美元一再加碼，目前加徵關稅的清單已涵蓋所有的終端產品，尤其包括資訊（IT）終端產品，例如電腦、伺服器、手機、電視等；同時也採取非關稅手段相互制裁，例如嚴格審查投資計畫等，勢將影響中美兩國經濟成長動能，甚至衝擊全球供應鏈體系，對台灣產業和經濟發展造成的影響或將更加明顯。

星展集團的研究指出，美國宣布對 2,000 億美元中國大陸商品加徵 25% 進口關稅，將使得台灣今年經濟成長率因此減少 0.3 個百分點。隨後美國又針對自中國大陸進口、價值 3,000 億美元的商品加徵 15% 的關稅，由於 3,000 億美元的商品清單中包括前幾輪都未列入的電子產品，例如手機、平板電腦、筆記型電腦與電視接收器等，尤其台灣製造的這些產品對中國大陸市場的依賴度高，星展集團認為，美中貿易戰一旦惡化，今、明兩年台灣經濟成長恐將下滑 1 個百分點。[18]

IT 產品是亞洲各經濟體出口的主力，IT 產品出口值占各國總出口的比重，最高的是台灣和菲律賓，超過 40%；中國大陸和越南也占了約 23%；新加坡、馬來西亞、泰國和韓

國的比重較低（低於 15%）。亞洲各國 IT 產業供應鏈縱橫交織，最終產品很大一部分是在中國大陸組裝生產，然後再出口至包括美國在內的第三方市場，因此，如果貿易戰升高導致美中雙邊貿易因而衰退的話，則包括台台灣在內的產品出口必然會受到影響。尤其台灣與南韓為中國大陸對美國出口提供了很多中間產品、零組件，同時也處在美國對中國大陸出口貨品的產業鏈中，美中兩國打貿易戰，台灣和南韓受到的衝擊是雙向的，在美中貿易戰爭中更顯脆弱。[19]

貿易戰帶給台灣的機會

不過，有論者認為，對於台灣高科技產業，尤其是半導體產業來說，美中貿易戰或將帶來機會；主要是因為台灣以晶圓代工為主的半導體產業，在全球占有重要地位，掌握人才與技術的優勢，目前中國大陸積極發展半導體產業，亟需台灣企業的合作，這就給台灣企業帶來新商機。

NOTES

18　「美中貿易戰若惡化 台灣今、明 GDP 恐下滑近 1 個百分點」（2019 年 5 月 17 日），2019 年 6 月 15 日瀏覽，《**鉅亨網**》，https://news.cnyes.com/news/id/4323060。

19　高長，「美中貿易戰對大陸台商的影響及因應策略」，《**產業雜誌**》2018 年 8 月號 (581 期)，頁 37-42。

成功開發生物醫療領域專用的影像感測 IC 設計公司晶相光電公司，是近年來結合台灣、中國大陸、美國三方資源，創造亮麗營收成果的範例。[20] 該公司原本是由力晶與美商豪威（Omni Vision）合資的台灣公司，但後來與目前擔任董事長兼總經理何新平在美國矽谷創辦的研發團隊合作，發展成為目前具備設計、研發及下游生產製造等能耐的 IC 設計公司。

　　晶相光電的成功模式，主要是利用兩岸人才優勢，加上部分來自美日等大廠之人才，讓該公司得以結合矽谷的研發、台灣的產業鏈，以及中國大陸的市場能量，靠著技術與服務成功打入中國大陸與美國市場的關鍵客戶。

　　何新平董事長畢業於北京清華大學微電子所，他在受訪時指出，目前中國大陸積極發展半導體產業，主要是聚焦在大項目，例如 DRAM、Flash、CPU、FPGA 等，諸如影像感測等這種小項目，中國大陸根本看不上。

　　兩岸半導體產業之競合關係在改變，台灣憂心中國大陸半導體產業崛起，以及中美可能長期陷入科技冷戰，晶相光電鎖定利基型產品、朝利基市場發展的成功模式值得借鑑。

　　此外，值得一提的是，對某些原本與中國大陸廠商在美國市場相互競爭的台灣廠商而言，卻可能拜美中貿易戰之賜而受益。力山工業就是其中一個典型的案例。根據報導，該公司的主力產品之一電動工具，受惠於美中貿易戰的利多因素，成功爭取到美國最大居家零售店工具機第一供應商機

種，今（2019）年 1 月已開始生產。[21] 這就是美中貿易爭端帶來的轉單效益。

財政部進出口貿易統計資料顯示（表 7-2），美中貿易戰正式開打以來，台灣對美國出口快速成長，尤其在今年上半年的表現特別明顯；對應的則是，台灣對中國大陸的出口，自去年第四季以來明顯衰退，這個現象所反映的，除了轉單效應，還包括中國大陸出口成長減緩衍生的減少自台灣進口。

另根據財政部統計處的資料顯示，[22] 以 2018 年的資料為例，涵蓋在美國對中國大陸制裁清單的商品，台灣對美國出口成長 10.7%，而其他未涵蓋在制裁清單的商品，同期間台灣對美國出口呈現負成長（-1.0%），該兩類商品台灣對中國大陸出口實績表現之落差，自當年第四季開始明顯擴大。2019 年 1-7 月的資料顯示，台灣對美國出口，清單項目

NOTES

20　林宏文，「兩家掛牌企業，台商因應科技冷戰新方向」(2018 年 7 月 16 日)，2018 年 8 月 10 日瀏覽，《**數位時代**》，https://www.bnext.com.tw/article/49880/us-china-trading-war-semiconductor。

21　「貿易戰仍存不確定性 機械業陰霾中見曙光」(2019 年 4 月 5 日)，2019 年 6 月 15 日瀏覽，《**中央社**》，https://www.cna.com.tw/news/afe/201904050030.aspx。

22　財政部統計處，「近期美國對中國大陸貨品加徵關稅之相關影響分析」，108 年 8 月 21 日，https://www.mof.gov.tw/File/Attach/85690/File_21355.pdf。

表 7-2　近兩年台灣出口貿易表現

金額：億美元

	美國		中國大陸		東協		日本		歐洲		總計
	金額	%	金額	%	金額	%	金額	%	金額	%	%
2017	367.7	10.11	887.5	20.36	585.7	14.2	205.7	5.67	287.8	10.16	13.01
第三季	98.1	15.20	232.5	23.95	154.7	20.0	56.1	11.40	76.0	16.29	17.16
第四季	96.8	8.53	256.3	15.09	153.4	8.7	52.9	4.05	74.8	12.28	10.30
2018	394.9	7.39	965.0	8.74	582.0	-0.63	208.0	10.83	312.8	8.69	5.87
第一季	88.5	8.92	231.8	18.89	141.3	2.2	54.5	14.63	74.7	12.98	10.45
第二季	98.5	7.54	231.5	13.65	149.1	7.0	56.8	15.35	81.2	14.71	11.28
第三季	102.4	4.44	246.0	5.79	145.3	-6.08	58.3	4.07	79.7	4.77	2.93
第四季	105.5	8.95	255.7	-0.22	146.3	-4.63	58.4	10.35	77.2	3.18	0.13
2019 （1-6）	220.0	17.4	420.4	-9.24	261.5	-10.0	113.5	1.93	149.1	-4.37	-3.42
第一季	105.9	19.62	202.9	-12.45	124.5	-11.89	57.3	5.14	74.1	-0.81	-4.17
第二季	114.1	15.82	217.5	-6.03	137.0	-8.12	56.2	-1.15	75.0	-7.66	-2.70

資料來源：財政部，中華民國進出口貿易統計。

年增率 24%，較非清單項目的 1.3% 多出 22.7 個百分點，轉單效應非常明顯。

　　就不同行業比較，資通與視訊產品的轉單效應最為顯著，該類商品台灣對美出口實績，2018 年第四季資料顯示，清單項目成長 36.3%，而非清單項目則呈現負成長（-25.3%）；2019 年前 7 個月，清單項目年增率 102.7%，遠超過非清單項目的 -7.3%，尤其是無線電廣播或電視傳輸器具、電腦及其附屬單元（主要為伺服器）、其他通訊器具等產品，其間的落差特別大。基本金屬及其製品、光學器材、紡織品等都呈現類似的態樣，不同程度受惠於轉單效應。

　　值得注意的是，受到美中貿易爭端帶來的轉單效應和產能轉移的影響，台灣部分製造業生產活動呈現逆勢上揚之勢，以電腦電子及光學製品產業為例，[23] 伺服器、網通產品、行動裝置鏡頭、平面顯示器檢測設備及零件、可攜式電腦、隨身碟、工業電腦、手機等等產品，今（2019）年頭 5 個月之產值呈現明顯成長。從出口地區結構觀察，今（2019）年頭 5 個月，台灣對美國和墨西哥的出口，分別成長了 17.2% 和 7.2%，而同期間對中國大陸（含香港）之出口，卻減少了 9.9%。

NOTES

23　「當前經濟情勢概況（專題：電腦電子及光學製品業發展概況）」(2019 年 5 月 29 日)，2019 年 6 月 6 日瀏覽，《**台灣商會聯合資訊網**》，https://www.tcoc.org.tw/articles/20190529-b234ae9b。

貿易戰帶給台灣的挑戰

美中貿易戰若能和解，不確定性因素解除，或將有利於全球經濟和貿易，對台灣而言也是一項利多。儘管如此，未來在美中雙方簽訂的協議中，中方若承諾增加採購美國產品，則將影響全球的貿易與供應鏈版圖，台灣的出口也有可能遭到排擠。

中央銀行初步估計，台灣受到衝擊的金額可能高達 199億美元，[24] 其中，受傷最重的將是半導體產業相關產品，因為同時遭受轉單效應和供應鏈重組的衝擊。

就轉單效應來看，台灣 IC 設計業面臨的壓力較大，因為美國的競爭較為激烈，尤其手機晶片，其次是半導體封裝及測試等；晶圓代工受到的影響較小，主要是因為台灣晶圓代工先進製程上在全球具領先優勢，全球市占率超過一半，且美國在這個領域影響力較弱。

美中貿易戰對全球經濟造成的威脅已愈來愈明顯，IMF、世界銀行、環球透視（GlobaI Insight）、經濟學人智庫等各大國際機構，不約而同紛紛調降今、明兩年的經濟成長和貿易流量預測。

事實上，今年上半年，全球各主要國家出口的表現都普遍下滑；台灣也不例外，今（2019）年上半年，出口值年平均減少 3.42%（表 7-2），同時外銷訂單已連續九個月出現負成長。

　　表 7-3 的資料顯示，在美中貿易摩擦尚未升級前，台灣的外銷訂單保持穩定成長之勢，但自去年 7 月貿易戰正式開打之後，尤其自去年第四季以來，外銷訂單衰退的趨勢愈來愈明顯。

　　就外銷訂單來源比較，來自中國大陸和東協地區的外銷訂單衰退幅度最大；就美國和歐洲市場而言，今（2019）年第二季的外銷訂單情況似已較第一季有所改善，惟後勢還須進一步觀察。

　　過去多年來，有不少台灣企業大幅依靠降低成本的量產代工模式起家，並曾創造傲人的成就。但隨著全球產業鏈重整，尤其紅色供應鏈崛起，這種營運模式已逐漸喪失發展空間。

　　美中貿易戰火直接衝擊在中國大陸有生產基地，且加工製造的產品以外銷美國市場為主的台商企業，讓台商面臨的經營困境更是雪上加霜。

　　短期內或許可以借助各種關稅策略、國際規例因應，以減輕附加關稅造成的衝擊；中長期則可以考慮運用原產地國際規則，從全球架構調整產能布局，或致力於分散外銷市

NOTES ────────────────────────────────

24　「貿易戰結束也有問題，央行：恐衝擊半導體出口 6 千億」(2019 年 4 月 1 日)，2019 年 7 月 20 日瀏覽，《*財經新報*》，http://finance. technews.tw/2019/04/01/there-is-also-a-problem-at-the-end-of-the-trade-war- the-central-bank-fear-of-impacting-semiconductor-exports-600-billion/。

表 7-3　近兩年台灣外銷訂單變動

金額：億美元

	美國		中國大陸		東協		日本		歐洲		總計
	金額	%	金額	%	金額	%	金額	%	金額	%	%
2017	1,378.1	8.0	1,226.1	14.5	495.5	-4.6	288.3	17.1	1,009.9	16.2	10.9
第三季	348.5	2.9	317.8	12.4	129.7	-1.4	82.1	16.0	241.1	13.7	8.2
第四季	407.2	7.4	333.6	11.2	129.7	-3.6	79.2	21.9	345.6	23.9	12.7
2018	1,463.4	6.2	1,302.3	6.2	486.4	-1.8	296.4	2.8	1,006.8	-0.3	3.9
第一季	320.7	5.2	314.5	11.6	118.2	1.8	65.9	8.7	228.4	5.7	6.4
第二季	330.8	4.2	329.9	12.7	125.1	4.2	69.5	4.6	213.6	3.1	6.9
第三季	378.6	8.6	339.4	6.8	126.1	-2.7	81.5	-0.8	258.7	7.4	6.3
第四季	433.3	6.4	318.5	-4.5	117.0	-9.8	79.5	0.5	306.1	-11.4	-2.6
2019 (1-6)	627.7	-3.7	557.5	-13.4	211.4	-13.1	131.5	-2.6	427.5	-3.3	-6.6
第一季	298.3	-6.9	270.4	-14.0	102.9	-13.0	64.0	-0.3	213.0	-6.8	-8.4
第二季	329.4	-0.4	287.5	-12.9	108.5	-13.3	67.9	-2.3	214.5	0.3	-4.7

資料來源：經濟部，外銷訂單統計。

場，避免集中美國市場，造成過度依賴，更重要的是應致力
於企業轉型升級，往產業價值鏈的高端發展。

面對全球經貿變局的短期策略思考

資誠聯合會計師事務所建議相關業者，[25] 檢視供應鏈稅
務，降低附加關稅的衝擊。可供運用的稅務工具，包括重新
檢視受影響產品適用的進口稅則，探討稅則重分類的可行方
案；審視受影響產品改變原產地、重組價值鏈的可能途徑；
評估申請豁免加徵關稅的可行性、探討「首次銷售原則」的
適用可能性等。

劉麗惠的研究也對台商提出五大策略建議，[26] 包括「善
用稅務工具降低貿易關稅衝擊」、「站在全球架構下轉移生
產基地」、「從『製造導向』走向『市場導向』」、「迎向
工業 4.0 建立智慧製造能力」、「融入區域經濟建構全球經

NOTES

25　「台商如何因應貿易戰？專家提 4 大策略及 7 項關稅工具」(2018
年 9 月 9 日)，2019 年 1 月 25 日瀏覽，《**今日新聞**》，https://www.
nownews.com/news/20180909/2952495/。

26　劉麗惠，「美中貿易戰掀起驚滔駭浪台灣衝擊有多大？機會在哪
裡？」，《**貿易雜誌**》 129 期，2018 年 11 月，http://www.ieatpe.org.tw/
magazine/ebook329/storypage02.html，2019 年 4 月 15 日瀏覽。

貿合作新藍圖」等。

　　資誠會計師事務所研究指出，跨國企業對於貿易財貨的海關稅則歸類，平均有 20-30% 可能產生錯誤，[27] 因此，建議相關業者可以嘗試重新檢視受影響產品，藉由改變適用的稅則，避免懲罰性關稅的衝擊。當然，要做到這一點需要一些準備時間，也需要非常瞭解美國關稅分類規定的專家協助。

　　相關業者也可以檢視一下他們出口到美國的產品，可否採用不同的分類，或經過些微的修改，以適用不同的關稅項目，或歸入不加徵關稅的類目。這種作法其實在國際貿易場域經常出現，進口商為了爭取有利的關稅待遇，會去調整他們的產品歸類。

　　關於改變原產地的作為，大致上就是把受到附加關稅波及的產品，其製造過程的全部或一部分移到中國大陸以外的地方，也就是將產能轉移，改變商品的原產地，合法的利用原產地國際規範以規避美國對「中國製品」的關稅制裁。受到影響企業若已有全球布局，可立即重新配置各地產能來因應，否則應慎重思考在中國大陸以外地區建立新的生產據點。

　　不過，必須注意的是，轉移生產地點製造的最終產品，是否已達到「實質轉型」，並獲得美國海關認可原產地不是中國大陸，其實還存在不確定性。

　　「首次銷售規則」（first sale rule）係美國法院在 1988年間訂定的，大意是指容許美國進口商在沒有減少離岸供應商的利潤幅度下，降低繳納關稅的費用。設想有一個多層

交易實例，美國進口商向中間商下單採購，而該中間商再轉單給在中國大陸生產的製造商，所謂「首次銷售規則」，就是中間商得主張以製造商供貨的交易價格，而不是以製造商／供應商的發票交易價格，作為美國海關完稅價格的估價依據，以及計算關稅。[28] 此外，受到附加關稅衝擊的相關業者，可以善用美國貿易代表署公布的關稅豁免清單。

　　為舒緩貿易戰帶來的衝擊，美國貿易代表署在公布貿易制裁商品清單後，隨即再公告關稅豁免商品清單，清楚訂定個別公司申請豁免加徵關稅的程序，受牽連的企業可以正式提出申請，同時也可以考慮與各自的美國同業合作，爭取美國政府和國會豁免對他們的產品加徵關稅；只要該產品沒有其他替代來源，僅能從中國大陸進口、加徵的關稅會對申請人或其他美國利益造成嚴重的損害，且不具有戰略重要性或與「中國製造2025」無關，即可向美國貿易代表署提出申請。[29]

NOTES

27　「美中貿易戰開打 資誠建議：台商採『七大策略』減緩衝擊」(2018年7月24日)，2018年8月10日瀏覽，《**Etoday 新聞雲**》，https://www.ettoday.net/news/20180724/1219337.htm。

28　「專家贈中小企錦囊拆解中美貿易糾紛」(2018年7月23日)，2018年8月8日瀏覽，《**香港商貿**》，https://hkmb.hktdc.com/tc/1X0AENGN/。

29　針對「301調查」貿易制裁商品清單，美國貿易代表署曾先後於去(2018)年12月29日(984項)，今(2019)年3月25日(87項)、4月15日(348項)、5月14日(515項)、5月30日(464項)三次批准公布984項豁免關稅清單請求。參閱「延遲加稅25%！美公布第四、五批關稅加徵排除清單！」(2019年6月4日)，2019年6月15日瀏覽，《**跨境知道**》，https://www.ikjzd.com/a/96928.html。

面對全球經貿變局的中長期策略思考

美中貿易戰短期內難以落幕，甚至已演變成科技冷戰，幾乎已成為關心此事件未來發展專家們的共識，台灣科技業者必須有長期的因應策略。

首先，隨著中國大陸提出的「中國製造 2025」計畫逐步推展，中美兩國的技術發展衝突勢將愈來愈激烈；2018 年 4 月中旬爆發的中興通訊事件，雖然暫告落幕，但接踵而來的是，8 月初 44 家中國大陸實體（包括 8 個實體以及 36 個下屬機構）被列入出口管制的清單，還有華為事件，這些經驗勢將讓中方更堅定的發展高階晶片和關鍵技術，美中科技冷戰於焉產生。

未來中國彎道超車一旦有成，全球恐出現兩套國際產業標準。事實上，近年來中國大陸在人工智慧、自駕車、區塊鏈和 5G 通訊等新技術都呈現蓬勃發展之勢，已令美國感到不安。兩國科技冷戰之後續發展值得關注。

其次，未來美國對於技術移轉給中國大陸的管制愈趨嚴格，對於台灣企業在中國大陸之正常經營勢將造成影響，一方面由於台資企業與中國大陸本土企業之產業關聯已愈趨緊密，美國管制技術轉移，不利於中國大陸相關科技產業之發展，在同一產業鏈上的台資企業，當然會受到影響。

另一方面，當中國大陸無法從美國取得關鍵技術或關鍵零組件時，可能會找尋其他途徑，包括加強與台灣廠商技術

合作，台灣企業或將因此獲得轉單的效應。不過，這對台商或台灣究竟是禍或是福，仍有待觀察，其中的變數在於美國如何看待兩岸的技術合作。

　　第三，美國對於中國大陸高科技產業進行制裁，例如中興、華為，同時要求在供應鏈上的美國相關業者，甚至包括盟國的業者，不能與受到制裁的中資企業有業務往來。基於兩岸產業合作密切，美國限制對中國大陸技術移轉，會不會把台灣列為利害關係的一方，未來對台灣之技術移轉政策將更趨保守？

　　第四，有論者提出，台灣應強化與美國雙方產業供應鏈之整合，從過去的研發製造分工、ODM 合作模式，轉型加入美國在地價值體系，增加台美之間產業創新連結；同時強化台美雙方經貿互惠依存的夥伴關係。[30] 該項建議之立意值得肯定，不過，在目前中美關係氛圍下，美國的態度值得進一步觀察，因為兩岸產業合作關係緊密，美國政府對於台商角色或有疑慮。

　　第五，美國打壓中國大陸高科技發展，中國大陸勢必加緊研發自主科技，建立自己的產業生態系，制定自己的技術標準。龐大國內市場和完整的產業鏈，是中國大陸要自力發

NOTES

30　「美中貿易戰 台灣三招因應」(2018 年 6 月 20 日)，2018 年 7 月 11 日瀏覽，**《經濟日報》**，https://money.udn.com/money/story/5628/3207669。

展技術標準的優勢之一，華為、中興等本土企業，在國家政策強力扶持下逐漸嶄露頭角，在手機、5G 和互聯網等領域，已吸引了許多台灣企業加入，包括台積電、大立光、嘉聯益、聯詠、欣興、晶技、華通、升達科等廠商。[31]

未來台灣企業除了繼續跟隨歐美產業生態系和技術標準，也不能忽視加入中國大陸產業生態體系。近年來有意參與中國大陸 5G 和物聯網建設的網通、手機和工業電腦廠，如中磊、宏達電、研華等，都積極呼應中方訂定的規格；工業電腦大廠研華，最新推出的智慧工廠、物聯網、電動車充電管理解決方案等，都是從中國大陸出發。

最後，值得一提的是，今後中國大陸的產業技術創新動能，將更加依賴本身的自主研發，對科技人才之需求勢將更加殷切，人才之爭奪或將更為激烈。對台資企業而言，恐難免面臨人才被挖角之困擾；同時，由於美國遏制中國大陸高科技產業發展的政策如火如荼在進行，未來「兩岸產業合作」不能忽視其中潛在的選邊風險。

NOTES

31 鍾張涵、辜樹仁，「台商在貿易戰下布局『中國標準 2035』」(2018 年 10 月 30 日)，2019 年 1 月 25 日瀏覽，《天下雜誌》，http://www.uzbcn.com/guping/20181030/50639.html。

第 8 章

美中貿易
爭端之未來發展

　　美中貿易戰正式爆發以來已超過一年，該期間兩國最高領導人川普和習近平舉行兩次高峰會談，同時兩國代表團也先後舉行 12 次正式的貿易協商，在技術轉讓、知識產權保護、非關稅壁壘、服務業、農業、匯率和執行機制等方面進行了一系列的談判，但是雙方貿易戰火持續延燒，美方對中國大陸加徵關稅的商品規模不斷擴大，稅率不斷提高，甚至由單純的貿易摩擦升級至科技戰、金融戰、地緣政治糾葛。

　　到目前為止，美中貿易戰火仍未有停歇跡象。2019 年 8 月 28 日，美國貿易代表署正式發布通知，重點之一是對價值 2,500 億美元的中國大陸商品加徵進口關稅之稅率從 25% 提高到 30%，徵求公眾意見，並於同年 10 月 1 日生效實施。其次是對價值 3,000 億美元加徵關稅的稅率，由原定的 10% 上調至 15%，分兩批實施，首批約占 40%，生效日期 9 月 1 日；第二批自 12 月 15 日開始生效實施。

　　美國對中國大陸掀起貿易戰的戰略意圖非常明顯，那就是透過貿易制裁，逼使外資企業撤離中國大陸，讓製造業回流美國，掏空中國大陸科技產業；通過制裁華為、中興等大陸高科技旗艦企業，收緊中國大陸留學生和學者赴美在科技領域的交流學習，限制在美華裔科學家與中國大陸交流，以遏制中國大陸高科技產業發展；通過金融戰擾亂中國大陸金融市場和經濟穩定，最終也是最根本的目的乃是遏制中國大陸崛起，維護美國在全球的霸權地位。

美中貿易戰的本質是地緣政治競爭

由此可見，過去一年多美中之間的貿易紛爭，一開始美國的訴求為貿易逆差的改善，不過，隨著貿易戰不斷升級，其隱藏在後的兩國之間地緣政治競爭愈來愈明顯，貿易爭端只是美中之間不斷加劇緊張關係中的一項因素；而地緣政治競爭背後更加核心的因素，是與中國大陸長期存在的結構性因素有關，也就是政府主導的計劃經濟。

美國對中國大陸指控的所謂「結構性」問題，從現實面來看，該問題的存在並非如美國所指控的，完全是因政府介入造成的；可能是源於美中兩國資源稟賦的差異，也有可能是源於大陸加入 WTO 時的「發展中國家」身分地位，在過渡期內享受較為寬鬆的條件。

然而，隨著中國大陸經濟崛起，綜合國力增強，包括美國在內的歐美先進國家不再認為中國大陸仍是發展中國家，因此要求大陸必須無例外地遵循 WTO 體制中的互惠、透明、市場准入、公平競爭、經濟發展和非歧視性的原則。[1]

此外，美方在發布關於中國大陸「非市場經濟地位」的

NOTES

1　邵宇、陳達飛，「美方談判聲明邏輯：何為『結構性』問題」（2019年 2 月 13 日），2019 年 2 月 15 日瀏覽，**《FT 中文網》**，http://big5. ftchinese.com/story/001081374?full=y。

報告中，也在六個方面對大陸經濟的「非市場」屬性做了評斷，包括本幣可以在多大程度上兌換成其他國家的貨幣、允許外國公司合資或者其他方式投資的程度等，[2] 認為中國大陸無論在哪一個方面都不能滿足市場經濟國家的要求。

在川普政府的眼裡，過去 40 年改革開放，並沒有改變中國大陸經濟建構在強大政府主導政策之本質，其濃厚的計畫經濟色彩，主要表現在政府補貼，保護國有企業和特殊行業，在企業、產品或服務層面的競爭中訂定歧視性原則，還有強制外商技術轉讓、知識產權保護不力、國家支持的網絡入侵行為等問題。

所有這些問題都讓貿易戰的問題變得更加複雜，譬如，美方不認為比較優勢理論適用於說明美中雙邊貿易結構失衡現象，而認為中國大陸是利用關稅和非關稅壁壘，以及政府補貼等手段提升產業國際競爭力，是不公平、不正當的競爭行為。

不過，對於川普政府的指控，中國大陸發表政策白皮書逐一加以反駁。[3] 首先，針對貿易失衡問題，中國大陸特別強調不能只看貨物貿易差額；就服務貿易來看，美國一直享有順差，同時美資企業在中國大陸的收益遠超過中資企業在美國的收益，因此，在綜合考慮貨物貿易、服務貿易和本國企業在對方國家分支機構的本地營業額等三個因素之後，美中雙邊經貿往來獲益大致平衡，美方淨收益甚至還占有優勢。

中方政策白皮書反駁美國指控

中方強調並不刻意追求貿易順差，美中貿易差額長期存在且不斷擴大，是因各種客觀因素共同促成的，其中，最根本的原因是美國低儲蓄、高消費，儲蓄長期低於投資的問題，為了平衡國內經濟，不得不透過貿易赤字形式大量利用外國儲蓄。其他因素還包括兩國海關統計方法上的差異、兩國產業比較優勢有別、國際分工和跨國公司生產布局、美國管制高技術產品輸出等。

針對美國指責中國大陸的市場開放不對等，使美國處於不公平的貿易境遇，並導致雙邊貿易失衡，中方反駁，美國強調的「對等」原則，要求各國在相關貨品的關稅水準和特定行業的市場准入上都與美國完全一致，這種「絕對的對等」概念，有違 WTO 基於各國發展階段差別所倡導的互惠互利原則。

在 WTO 制度架構下，發展中國家享有差別的和更優惠

NOTES

2　另外四項評估準則為：工資水準在多大程度上由勞資雙方的自由談判決定、政府擁有或控制生產資料的程度、政府對資源配置以及企業的價格和產出決策的控制程度、管理當局認為適當的其他因素。參閱「美方談判聲明邏輯：何為『結構性』問題」，2019 年 2 月 13 日，《FT中文網》。

3　中華人民共和國國務院新聞辦公室，《**關於中美經貿摩擦的事實與中方立場**》（北京：人民出版社，2018 年），頁 15-42。

的待遇，包括關稅和市場開放水準。中國大陸強調指出，2001 年通過多邊談判以發展中國家身分加入 WTO，享受發展中締約成員待遇，儘管經過十幾年的快速發展，中國大陸已成為全球第二大經濟體，但基本上目前仍然是一個開發中的國家。

根據 IMF 統計，[4] 中國大陸的人均國民所得水準，2017年間只達 8,643 美元，約相當於美國的 14.5%，排在世界第 71 位；迄 2017 年底，中國大陸上仍有 3,046 萬農村貧困人口。中方認為，美國以中國大陸的經濟和貿易總規模較大為由，要求中方比照美國，履行一樣的關稅水準和市場開放程度，違背了 WTO 授予開發中國家最惠國待遇和非歧視原則。

關於強制技術轉讓問題，中國大陸矢口否認有強制要求外商投資企業轉讓技術的政策與作法，認為外國企業與中方企業建立合作夥伴關係，包括技術合作和其他各種經貿合作，完全是基於自願原則、基於商業利益的契約行為。中方駁斥川普政府關於中國大陸偷盜美國先進技術的指責，根本是對中國大陸科技進步艱苦努力的汙衊。

針對知識產權保護不力的指控，中方反駁認為美方有悖於事實，抹煞了中國大陸保護知識產權的努力與成效。中方列舉在完善知識產權法律體系方面所做的努力，包括修訂了《商標法》、《專利法》、《反不正當競爭法》，頒布實施《中華人民共和國民法總則》、《外商投資法》等；在執行面，

加強知識產權司法保護，設置專門的知識產權法院、廣設知識產權法庭等，且實施行政、司法雙軌制保護。

中方認為，長期以來，從立法、執法和司法層面不斷強化知識產權保護，已取得了明顯成效。

白皮書引用了中國美國商會 2018 年調查報告資料，指出在大陸美商企業營運的主要挑戰中，知識產權侵權行為已由 2011 年的第 5 位，降低到 2018 年的第 12 位；另援引了《外交官》雜誌專文的觀點，「中國將成為全球知識產權的領軍者」。[5]

關於政府補貼的問題，中國大陸認為，補貼政策作為因應市場失靈和改善經濟發展不平衡問題的手段之一，在國際上已被普遍採用，美國也不例外。

中國大陸強調實行的政府補貼政策，完全符合 WTO《補貼與反補貼措施協議》的規範，同時也遵守透明度原則，定期向 WTO 通報相關法律、法規和具體措施的修訂調整與實施概況。

NOTES

4　中華人民共和國國務院新聞辦公室，**《關於中美經貿摩擦的事實與中方立場》**，2018 年，頁 24。

5　中華人民共和國國務院新聞辦公室，**《關於中美經貿磋商的中方立場》**（2019 年 6 月 2 日），2019 年 9 月 6 日瀏覽，**《新華網》**，http://www.xinhuanet.com/politics/2019-06/02/c_1124573295.htm。

中方批判美國保護主義傷害全球經濟

　　除了辯護，中國大陸也強力批判美國的貿易保護主義行為。譬如，美國通過立法要求政府部門採購本國產品，直接或間接限制購買其他國家產品，使他國企業在美遭受不公平待遇，大陸企業深受其害。又如，美國聯邦和地方政府對部分產業和企業提供大量補貼、救助和優惠貸款，妨礙了市場公平競爭。

　　此外，中方也指責美國拒不履行《中國加入世貿組織議定書》的 15 條約定，認定大陸為市場經濟國家；濫用 WTO 貿易救濟措施保護國內產業；使用大量具隱密性、歧視性的非關稅壁壘，特別是衛生和植物檢疫，以及技術性貿易壁壘措施，這些行為嚴重破壞了貿易秩序和市場環境。

　　在白皮書中，[6] 中方特別強調，「從維護兩國共同利益和世界貿易秩序大局出發」，「秉持相互尊重、平等互利的原則」，致力於通過對話協商達成協議。「一國的主權和尊嚴必須得到尊重，雙方達成的協議應是平等互利的」；雙方應尊重彼此「國家發展的差異性、階段性，尊重對方發展道路和基本制度」；「對於重大原則問題，中國絕不退讓」；「中國不會畏懼任何壓力，也做好準備迎接任何挑戰。談，大門敞開；打，奉陪到底」。

　　綜上所述，比較美中兩國對於貿易爭端的政策立場，可以發現雙方存在懸殊的差異，尤其涉及深層的價值觀和政

經體制問題，恐不是兩國領導人一次、二次會談就可以解決的。

　　簡單來說，單純的貿易戰，要處理的是雙邊貿易失衡的問題，雙方達成和解相對容易，因為只要中方展現誠意購買更多的美國飛機、汽車和農產品，甚至承諾小幅開放銀行業和金融業，雙邊貿易失衡的問題就可以迎刃而解了。

　　問題是，美國的要價不只這些，還要求中國大陸必須在縮減貿易差額的同時，貫徹執行經濟的結構性改革，以確保今後中國大陸在與美國，以及與其他國家進行經貿交往中，不再竊取別人的知識產權、不再強制別人轉讓科技成果、不再對出口企業施予政府補貼，終止國營企業的經濟壟斷權，撤除國際貿易的壁壘，拆除網絡防火牆讓資訊開放和自由流通等等，從而永遠消除中國大陸對世界貿易公平、公正、互惠規則的破壞。

　　美中貿易戰爆發以來經歷十幾個回合的正式談判，迄今仍然無法達成協議，其中最困難、最棘手的問題是，川普政府希望阻斷中國大陸利用各種政府補貼，支持挑戰美國主導地位的諸多先進製造業之發展，尤其是商用飛機製造、半導體和人工智能等領域。

NOTES

6　中華人民共和國國務院新聞辦公室，《關於中美經貿磋商的中方立場》，2019 年 6 月 2 日，《**新華網**》。

　　另一個難以突破的困難點，是雙方都將某些情況視為危及國家安全。譬如中國大陸一直不願意解除對 Facebook 和 Google 等網路媒體進入大陸市場的限制，以避免西方民主思想和影響社會治安的情事進入；美國也基於國安的理由，對華為、中興等科技產業祭出禁售令和禁購令，嚴格審查大陸企業進入美國投資。

雙方談判障礙重重短期難解

　　雙方談判的考驗還在於，川普是否願意接受一份只解決貿易赤字的協議，而同意中方延後推動「結構性改革」。[7]由於結構性改革涉及法律法規體制、金融市場開放與匯率，還涉及中共政府治理等問題，中方認為改革需要時間，無法一蹴可幾。

　　不過，川普公開表示，貿易協議「必須包括實質的結構性改變，以終結不公平的貿易行為」。

　　要求中方落實「結構性改變」，無異於要求中國大陸推動「經濟法治」。關於政府對企業的扶持政策，美方要求中方應有更實質的承諾和具體措施，對待內外資企業一視同仁，但中方堅持保留的態度，認為大幅削減補貼將影響大陸產業發展和經濟持續成長。

　　就目前正在談判的貿易協議而言，美國高度重視其中的

執行機制，一方面要求協議的內容要具體明確，以便可以檢視執行成效，另一方面敦促中方同意，如果美國因中方違反協議而採取制裁措施時，中方不進行報復。

這樣的安排在中方看來，有侵犯中國大陸主權之嫌，且過去多年創造經濟奇蹟的「中國模式」將被迫放棄。其次，這樣的執行機制並非「雙向、公平且平等」，也就是說，如果中國大陸覺得美方反應過當，不能採取報復性關稅，如此不對等的條件令中國大陸難以接受。

如何制定一個確保中國大陸遵守協議的執行機制，譬如關於知識產權的網路安全保障問題，迄目前雙方仍未達成共識；另一項分歧點，是關於美國取消對中國大陸商品關稅的時間表。

中方要求美方在協議完成簽署前，先解除全部的附加關稅，但美方堅持仍保留部分附加關稅，作為貿易協議執行機制的一部分。

其實，川普上台後美國對中國大陸的定位，已經從過去的「戰略夥伴」關係轉變為「戰略競爭對手」，認為大陸的「經濟侵略」已威脅美國經濟和國家安全。

NOTES

7　「終結美中貿易戰露曙光，雙方起草的『諒解備忘錄』要中國做那些改革？」（2019 年 2 月 21 日），2019 年 3 月 12 日瀏覽，**The News Lens**，https://www.thenewslens.com/article/114180。

　　彭斯副總統在公開演講中列舉中國大陸數大罪狀，[8]包括竊取美國知識產權、不正當手段增加對美國出口、在釣魚台和南海公開挑釁國際法等，並宣稱要團結盟友加強核武庫建設，嚴格限制大陸企業投資美國高科技敏感行業等。彭斯的這番言論，實際上已將中國大陸定性為敵對競爭者，因此被外界形容為新的冷戰宣言。

　　川普不斷升高對中國大陸經濟制裁，不是不了解美國也要相應付出代價，還要執意這麼做，除了為保護美國國內相關產業，根本的目的是在遏制大陸快速崛起，確保美國再次強大。因此，一般認為，美中貿易戰不僅是貿易和科技的競爭，更多的是戰略競爭的問題，攸關美國在關鍵科技領域的統治地位，以及全球霸權地位之維持。

　　「中國製造 2025」可能是美中兩國貿易爭端難分難解的焦點。大陸製造業總產值在 2011 年間已超越美國，成為全球第一大，「中國製造 2025」、「三步走」的戰略目標若能順利達成，科技實力進一步超越美國幾乎是遲早的事。尤其目前中國大陸在 5G、AI、雲端計算、互聯網等領域已嶄露頭角，給美國造成極大壓力。

NOTES

8　盧平，「觀點：中美貿易戰、90 天休戰與漸行漸遠的中美關係」（2018年 12 月 6 日），2019 年 1 月 27 日瀏覽，《**BBC 中文網**》，https://www.bbc.com/zhongwen/trad/chinese-news-46453914。

　　美國依「301 調查」報告對中國大陸提出的制裁方案，乃衝著「中國製造 2025」規劃中相關行業的產品，目的就是要削弱中國大陸相關產業國際競爭力，並確保美國科技產業的領先地位。

美國的戰略企圖在遏制中國大陸發展

　　貿易戰的背後其實是科技戰，其中貿易戰以關稅為武器，而科技戰則是以技術來圍堵。過去這一年來，美國對中國大陸採取的制裁手段或政策措施，無不聚焦在科技領域，可見經貿領域的這個戰場不是最重要的一個，也就是說，即使在經貿領域無戰事，美國遏制中國大陸科技發展的態度和立場不會改變，顯然貿易戰已逐漸演變成科技冷戰。

　　根據近期發生的一些事件，幾乎可以確定科技冷戰已不可避免，譬如美國對華為及其關聯企業的禁售令和禁購令，所謂的「實體清單」已經就緒，隨後被列入的高科技企業將愈來愈多，這種作為無異於對中國大陸拉起一道數位鐵幕，最大目的在於孤立中國大陸。

　　在另一方面，中國大陸基於國安考量，長期以來禁止 Google、Facebook 等網路媒體進入中國大陸，不啻是自己構築一道圍牆，與世隔離；而為了因應美方的技術圍堵，未來中國大陸勢必加強自主研發，建立獨立於歐美體系主導的科

技產業生態。

　　這兩道圍牆有可能導致中國大陸與美國為首的西方世界，在科技標準與應用上形成兩個世界嗎？是目前討論美中貿易戰後續發展，普受關注的問題之一。由於中國大陸已成為全球經濟成長的重要引擎，同時也是大多數主要經濟體的重要經貿夥伴，因此，川普政府企圖在全球經濟體系中「孤立」中國大陸，看來並不容易，但是美中脫鉤的風險的確存在。

　　過去 40 年中美關係，已從 2001 年之前的合作共贏，轉變為有合作但更多的是競爭關係[9]。2001 年之後，中國大陸掌握加入 WTO 機會，經濟快速崛起，與美國之間的競爭逐漸升級；2000 年共和黨政綱曾提出：「中國是美國的戰略競爭對手，而非戰略合作夥伴」，不過，在隨後爆發 911 事件的背景下，為對抗國際恐怖主義，維護美國國家安全利益，主張與中國大陸合作的立場仍未改變。

　　2008 年之後，美國受到國內次貸危機及衍生的國際金融動盪重創，社會貧富差距擴大，反全球化潮流興起；而中國大陸經濟持續快速成長，總體規模超越日本，成為世界第二大經濟體，製造業產值更超越美國，名列第一。此期間，中美兩國經濟實力明顯消長，加上中國大陸倡議「一帶一路」、籌組設立「亞洲基礎設施投資銀行」，地緣政治影響力大增；外交政策日益強勢，又在南中國海擴張勢力，對美國的霸權地位構成之威脅與日俱增。

歐巴馬執政後的美國，戰略重心轉向亞太，推行「亞太再平衡」戰略，目標對象無疑是崛起的中國大陸。在軍事上，全球兵力部署向亞太地區集結，經濟方面的核心，主要是推動成立「跨太平洋戰略經濟夥伴協定」（TPP）區域性組織，目的在於「平衡」中國大陸崛起帶來的安全風險與不確定性。可見自 2008 年以來，美國對中國大陸的政策已經轉向戰略遏制。

中美關係遽變已不可能回到從前

川普上任後的亞洲政策，不再沿用前朝的「重返」、「再平衡」等詞彙，但在遏制中國大陸發展的政策主張，與前朝政府比較，有過之而無不及，不只發動貿易戰，由局部逐漸擴大到全面，甚至延伸至科技和金融領域。因此，美國一些長期對中友好人士，包括前美國國務卿季辛吉（Henry

NOTES

9　1980 年代初期中美兩國有共同對抗前蘇聯的戰略和利益為基礎，1980年代末因北京天門事件和前蘇聯解體風波，曾導致兩國關係出現波折，但為促進中國大陸改革，並引導走向西方自由民主政經體制，美方積極拉攏中國大陸，支持大陸加入 WTO。參閱任澤平、羅志恒、賀晨、華炎雪，「中美貿易戰暫時緩和：本質、應對和未來沙盤推演」（2018 年12 月 3 日），2019 年 1 月 26 日瀏覽，《微博》，https://card.weibo.com/article/m/show/id/2309404313066933225647。

A. Kissinger）、前財長鮑爾森（Henry M. Paulson Jr.）等人都公開表示，中美關係再也回不到過去。[10]

美中貿易摩擦的本質在於經濟體制的主導權之爭，主張市場機制和自由競爭的美國，正在被採取國家資本主義、由國家主導運作經濟的中國大陸追上，備感受到威脅。對美國而言，「貨物貿易差額」只是制裁中國大陸的藉口，知識產權保護、人工智慧（AI）、5G 等行業發展路徑之爭論還很多，但由於兩國互信不足，增添貿易談判形成共識之難度。

在《注定一戰》專書中提出「修昔底德陷阱理論」的作者艾利森（Graham Allison）指出，美中貿易戰可解，科技戰涉及結構性改革恐不是短期內可以完全解決的；在更大的地緣政治棋盤上，關稅衝突是小問題，其解決或推遲的協議條款，對於崛起的中國和守成的美國之間修昔底德式的競爭軌跡不會有顯著的影響。

有鑑於此，崛起的中國大陸和主導的美國之間的競爭，艾利森認為是一個需要管理的長期「狀況」，而不是一個需要解決的「麻煩」，任何人都能看到。

在美中貿易爭端中，關於知識產權盜竊和強制技術轉讓、市場准入、取消政府補貼，以及「中國製造2025」等方面的分歧最難形成共識，因為這些領域與中國大陸政府主導的經濟體制有關，涉及結構性的經濟政策改變和制度改革，相當複雜，除非中國大陸願意徹底放棄目前的經濟模式，否則不管中方怎麼回應，幾乎可以預期難以滿足美方的要求。

這場貿易戰或許僅是美中長期科技角力的開始。

展望未來美中貿易摩擦之發展，短期內或有緩和，甚至針對單純的改善貿易失衡問題可能達成協議，但更大的可能是邊打邊談，鬥而不破；而涉及中方核心利益的議題，也就是結構性問題涉及的相關法規制度改革、產業發展政策、經濟發展模式等，中方讓步的可能性極低，即便中方願意做出讓步，恐也難以滿足美方的要求。2020 年美國總統大選競選活動即將啟動，候選人為了爭取選票，對中國大陸強硬的貿易政策或將延續。

美國的制裁行動，有可能使得中國大陸科技發展速度減緩、經濟成長的動能減弱，但若說中國大陸遭到美國經貿制裁後，將複刻日本 1980 年代的經驗，經濟因而一厥不振，或有言之過早之嫌。主要是因為目前中國大陸的量體規模和市場腹地，不是 1980 年代的日本可以比擬的，尤其研發支出占 GDP 的比重與美國的差距在縮小，人力資本的紅利正逐步發揮，產業鏈完整，部分高科技產業在全球已占有一席之地，對於美國的壓制有一定的承受能力。

大陸經濟發展走到目前這個階段，儘管無法避免遭到第一大經濟體美國的制肘，但在美中雙邊貿易談判中，中國

NOTES

10　盧平，「觀點：中美貿易戰、90 天休戰與漸行漸遠的中美關係」，2018 年 12 月 6 日，《BBC 中文網》。

大陸似不可能會拿核心利益做交換。美中之間的對峙儼然已
進入冷戰形式，涉及發展模式、政經制度、意識形態、價值
觀等領域，調和不易，逆轉更不可能；雙方在正式談判過程
中，需要更多的同理心和耐心，也需要更長的時間。

| 附錄 |

美中貿易戰大事記

2017 年 8 月 18 日	川普指示美國貿易代表署（USTR）對中國大陸展開 301 調查。
2018 年 3 月 22 日	USTR 公布 301 調查結果，指控中方存在強迫技術轉讓、政策性支持陸資企業在美國投資、網路竊取美國知識產權等問題，川普根據該調查報告公布對中國大陸貿易制裁商品清單。
2018 年 4 月 3 日	USTR 公告對中國大陸加徵關稅的商品清單，涵蓋 1,333 項，500 億美元，加徵 25% 進口關稅，實施日期另公布。中方立即回應，宣布對原產於美國價值約 500 億美元的商品，對等的加徵關稅，稅率同為 25%，實施日期與美國制裁中國大陸的時間同步。
2018 年 4 月 16 日	美國禁止中國大陸電信設備商中興通訊從美國市場採購相關零組件，期限為 7 年；理由是違反美國政府制裁伊朗等國出口。
2018 年 5 月 3-5 日	美國財政部長姆努欽（Steven T. Mnuchin）率團赴北京，與劉鶴為首的中方代表團展開第一輪正式貿易談判，議題聚焦在中美貿易失衡和中方強迫技術轉移等。在正式談判之前，美方曾向中方提出一份文件，希望中方

	具體改善雙邊經貿關係的八大要求。
2018 年 5 月 16-18 日	劉鶴率團赴美國華府,與美國代表團展開第二輪正式貿易談判,會後簽署聯合聲明,美方同意擱置關稅,中方承諾大幅增加購買美國商品,以平衡雙邊貿易逆差。
2018 年 6 月 2-3 日	劉鶴率團與美國代表團在北京展開第三輪正式貿易談判,美方主談代表為商務部長羅斯(Wibur Louis Ross Jr.)。
2018 年 6 月 11 日	美國開始收緊科學、技術、工程、數學等專業中國大陸留學生的入學簽證;其他學科正常的學術交流也受到影響。
2018 年 7 月 6 日	美國對 340 億美元的中國大陸商品加徵 25% 的進口關稅正式生效實施。中國大陸同日對同等規模的美國商品加徵 25% 的進口關稅。
2018 年 8 月 1 日	美國商務部將 44 家中國大陸實體(包括 8 個實體以及 36 個下屬機構)列入出口管制的實體清單,這些實體購買政策管制商品時,必須先取得特定許可證。
2018 年 8 月 8 日	美國宣布將自 8 月 23 日開始對自中國大陸進口的 160 億美元商品加徵關稅。中國大陸也宣布自 8 月 23 日開始對原產於美國的 160 億美元商品加徵進口關稅。
2018 年 8 月 15 日	美國通過 2019 年度《國防授權法》,禁止華為、中興、海能達通信、杭州海康威視、浙江大華科技等科技企業參與美國政府採購。
2018 年 8 月 22-24 日	美中第四輪正式經貿磋商在華府召開,中方

	由商務部副部長王愛文率團，美方主談代表為財政部副部長馬爾帕斯（David Malpass）。
2018 年 9 月 18 日	美國宣布自 9 月 24 日起，對約 2,000 億美元中國大陸商品加徵 10% 的進口關稅，並宣稱自 2019 年 1 月 1 日起，附加稅率將提高至 25%。中國大陸也宣布自 9 月 24 開始對美國執行反制方案，納入反制清單中的美國商品約 600 億美元，加徵關稅稅率 5% 或 10%。
2018 年 9 月 24 日	中國大陸發布《關於中美貿易摩擦的事實與中方立場》白皮書，澄清中美經貿關係事實，闡明中方對中美經貿摩擦的政策立場。
2018 年 10 月 1 日	美國與墨西哥、加拿大簽署新的《美加墨貿易協定》（USMCA），設置所謂的「毒丸條款」，規定締約成員不得擅自與非市場經濟國家簽署貿易協定，否則其他締約方可以在發出通知 6 個月後退出 USMCA。
2018 年 10 月 12 日	美國能源部宣布，將嚴格限制民用核技術輸出中國大陸，因為中方可能將該技術轉移到新 一代中國核潛艦、核動力航空母艦等軍事用途。
2018 年 10 月 29 日	美國商務部聲明，已將福建晉華集成電路公司列入「實體清單」，限制對其出口，理由是該公司新增的存儲晶片生產能力，將威脅到為軍方提供此類晶片的美國供應商的生產能力。
2018 年 11 月 1 日	美國依據《外國投資風險審查現代化法案》，正式加強對航空航天、生物醫藥、半導體等

	核心技術行業的外資投資審查。該法案同時要求美國商務部部長每兩年向國會提交有關「中國企業實體對美直接投資」，以及「國企對美交通行業投資」的報告。
2018 年 12 月 1 日	在阿根廷首都召開的二十國集團領袖峰會上，中美兩國元首達成貿易摩擦暫時休戰的協議，雙方代表團將利用 90 天的緩衝期積極展開貿易談判。同一天，華為副董事長孟晚舟在過境加拿大時被逮捕。
2019 年 1 月 7-9 日	美中雙方在北京舉行中美經貿問題副部級磋商會議，就落實兩國元首阿根廷會晤重要共識進行討論。
2019 年 1 月 29 日	美國司法部宣布對對華為提出 23 項刑事訴訟，並將向加拿大提出引渡華為副董事長孟晚舟的請求。
2019 年 1 月 30-31 日	劉鶴率團赴美國華府，與美國代表團展開第五輪正式經貿磋商，美方主談代表為萊特希澤（Robert E. Lighthizer）。
2019 年 2 月 5 日	USTR 發布 2018 年度《中國履行加入世貿組織承諾情況報告》，指控中方依然存在強制技術轉讓、產業政策、非法出口限制、電子支付市場未對外資開放等問題。
2019 年 2 月 14-15 日	美中第六輪正式經貿磋商在北京召開，中方由劉鶴率團，美方主談代表萊特希澤和姆努欽。
2019 年 2 月 21-24 日	美中第七輪正式經貿磋商在華府召開，中方

	由劉鶴率團，美方主談代表萊特希澤和姆努欽。
2019 年 3 月 1 日	USTR 宣布對 2018 年 9 月起加徵進口關稅的中國大陸商品，附加關稅的稅率繼續保持在 10%，暫不改變。
2019 年 3 月 27-29 日	美中第八輪正式經貿磋商在北京召開，中方由劉鶴率團，美方主談代表萊特希澤和姆努欽。
2019 年 4 月 3-5 日	美中第九輪正式經貿磋商在華府召開，中方由劉鶴率團，美方主談代表萊特希澤和姆努欽。
2019 年 4 月 30 日～ 5 月 1 日	美中第十輪正式經貿磋商在北京召開，中方由劉鶴率團，美方主談代表萊特希澤和姆努欽。
2019 年 5 月 6 日	川普宣布將自 5 月 10 日起，對中國大陸原徵收 10% 附加關稅的 2,000 億美元的進口商品，稅率提高至 25%。
2019 年 5 月 8-10 日	美中第十一輪正式經貿磋商在華府召開，中方由劉鶴率團，美方主談代表萊特希澤和姆努欽。
2019 年 5 月 13 日	中國大陸宣布自 6 月 1 日起，對美國原徵收 5% 或 10% 附加關稅的 600 億美元進口商品，稅率依不同商品分加徵 5%、10%、20%、25%。
2019 年 5 月 15 日	川普簽署行政命令，宣布美國進入「國家緊急狀態」，要求美國企業不得使用對國家安全構

	成風險的企業所生產的電信設備。同時宣布把華為公司（包含旗下的 70 家子公司）列入出口管制「實體名單」。隨後於 5 月 20 日公布給予華為 90 天的寬限期。
2019 年 6 月 2 日	中國大陸發布《關於中美經貿磋商的中方立場》白皮書，批判美國不顧世界經濟分工現實，在中美經貿磋商期間三次「出爾反爾」，導致磋商嚴重受挫。
2019 年 6 月 21 日	美國將中國大陸 5 家新科技企業列入「實體清單」，禁止購買美國的關鍵設備和零組件。包括隸屬中科院的中科曙光，以及天津海光、成都海光集成電路、成都海光微電子技術等 3 間設計晶片的關聯企業，還有隸屬解放軍戰略支援部的無錫江南計算技術研究所。
2019 年 6 月 29 日	在日本大阪召開的二十國集團領袖峰會上，中美兩國元首會晤，同意推進以協調、合作、穩定為基調的中美關係，在平等和相互尊重的基礎上重啟經貿協商；美方表示談判期間不再對中國大陸商品加徵新的關稅。川普宣布，美國公司可繼續向華為公司供應不涉及國家安全的零組件。
2019 年 7 月 29-31 日	美中第十二輪正式經貿磋商在上海召開，中方由劉鶴率團，美方主談代表萊特希澤和姆努欽。
2019 年 8 月 6 日	美方認定中國大陸為「匯率操縱國」。
2019 年 8 月 14 日	美國商務部公告，將中廣核集團、中廣核

	有限公司、中廣核研究院有限公司、蘇州熱工研究院有限公司等 4 家實體加入「實體清單」，美國企業向這幾家公司出口零組件和技術時，需先獲得美國商務部的許可。
2019 年 8 月 15 日	美國宣布對價值 3,000 億美元中國大陸商品加徵 10% 進口關稅，分兩批實施，實施日期分別為 9 月 1 日和 12 月 15 日。
2019 年 8 月 19 日	展延華為公司制裁案寬限期至 11 月 19 日，但新增 46 家華為子公司加入「實體清單」。
2019 年 8 月 23 日	中國大陸宣布對 5,078 項、價值 750 億美元美國商品加徵 5%、10% 不等的進口關稅，分兩批實施，生效日期分別為 9 月 1 日和 12 月 15 日。同時宣布，對原產於美國的汽車及零組件，自 2019 年 12 月 15 日起恢復加徵 25%、5% 的進口關稅。
2019 年 8 月 28 日	USTR 宣布對價值 3,000 億美元中國大陸商品加徵進口關稅的稅率，由原定的 10% 提高至 15%，分兩批實施，實施日期分別為 9 月 1 日和 12 月 25 日；同時對稍早所提的 2,500 億美元制裁商品清單，附加關稅稅率從 25% 提高到 30% 徵求公眾意見，訂於 2019 年 10 月 1 日生效實施。
2019 年 10 月 7 日	川普政府以「參與侵犯少數民族人權」為由，將 28 家中國企業與組織增列入所謂的「實體清單」，美國供應商必須先取得特別許可證，才能繼續向這些企業出售產品。涉案的 8 家企業分別是海康威視、商湯科技、曠世科

	技、科大訊飛、大華技術、美亞柏科、依圖科技、頤信科技等。
2019 年 10 月 10-12 日	美中第十三輪正式經貿磋商在華府召開，中方由劉鶴率團，美方主談代表為姆努欽。雙方達成了有限的貿易協定，美方承諾暫停原定在 10 月 15 日提高附加關稅的計畫，中國則承諾將購買大量美國農產品，並對外國金融服務機構進一步開放。
2019 年 10 月 22 日	中國大陸商務部官網發布，美國商務部日前公告，表示將自 10 月 31 日起，對中國大陸 3,000 億美元清單商品加徵關稅啟動排除程序；自 2019 年 10 月 31 日至 2020 年 1 月 31 日，美國利害關係方可向美國貿易代表署 (USTR) 提出排除申請，一旦獲得批准，自 2019 年 9 月 1 日起已經加徵的關稅可以追溯返還。

歷史與現場 276
美中貿易戰其實才剛開打

作　　者 — 高　長
編輯協力 — 謝翠鈺
行銷企劃 — 江季勳
美術編輯 — 李宜芝
封面設計 — 陳文德

董 事 長 — 趙政岷
出 版 者 — 時報文化出版企業股份有限公司
　　　　　　10803台北市和平西路三段240號七樓
　　　　　　發行專線／（02）2306-6842
　　　　　　讀者服務專線／0800-231-705、（02）2304-7103
　　　　　　讀者服務傳眞／（02）2304-6858
　　　　　　郵撥／1934-4724時報文化出版公司
　　　　　　信箱／台北郵政79～99信箱
時報悅讀網 — http://www.readingtimes.com.tw
法律顧問 — 理律法律事務所 陳長文律師、李念祖律師
印　　刷 — 勁達印刷有限公司
初版一刷 — 二〇一九年十一月十五日
定　　價 — 新台幣三五〇元
（缺頁或破損的書，請寄回更換）

時報文化出版公司成立於1975年，
並於1999年股票上櫃公開發行，於2008年脫離中時集團非屬旺中，
以「尊重智慧與創意的文化事業」爲信念。

美中貿易戰其實才剛開打 / 高長作 . -- 初版 . --
　　臺北市 ：時報文化, 2019.11
　　　　面；　　公分 . -- (歷史與現場 ; 276)
　　ISBN 978-957-13-8017-9(平裝)

　　1.中美經貿關係

552.2　　　　　　　　　　　　　　　108018497

ISBN 978-957-13-8017-9
Printed in Taiwan